信濃国佐久郡春日郷「御鹿の里」物語

―ふるさと創生の源・忘れえぬ思い出の聖地―

岡部　捷二

東京図書出版

はじめに・思い出の聖地とは

子供の頃、お祭りや行事などでの楽しかったこと。山や川で遊んだ思い出の場所。大人になっても懐かしく思い出される故郷の場所は誰にでもある。このような特別な場所を名付けて「思い出の聖地」とした。もともと聖地とは、特定の宗教の信仰の本山、本拠地となる寺院、教会、神社等のあるところで、きわめて宗教的な要素の強い言葉である。現代では、その意味合いから、政治、文化、スポーツなど様々な形で転用がみられる。たとえば、高校球児の甲子園球場、高校ラクビーの花園ラクビー場。映画やアニメなどにでてくる特別な場所などが聖地と呼ばれるようになっている。ここでの「思い出の聖地」とは、誰にでも日本の何処の場所にでもある故郷の、しかし、その人にとっては、「子供の頃の懐かしい故郷の思い出が、大人になっても記憶に残り、いつか再び訪れてみたいと思える特別な場所」のことである。ところが、その思い出の聖地がいよいよ消滅の危機にある。例えば、童謡『ふるさと』の歌詞にある山や川は、以前は子供達の自由な遊び場であった。しかし、今ではその山や川は、危険な場所として規制され自由な遊び場ではなくなっている。さらに伝統の祭りや行事は、童謡『むらまつり』のような当時の賑わいはなく、維持、継続も困難になってきており、すでに中止したものもある。さらに、超少子化超高齢化と過疎化で、小中学校も次々に廃校になり、昔の姿は、面影となり校歌とともに記憶に残るのみである。やがて、その記憶さえも時間の経過とともに消えてゆく運命にある。さらに、若者は夢を失い、故郷を離れ、生活の基盤である農林業や個人商店の自営業者も次々と廃業し、買い物難民が増加した。さらに、地域の自治機能は衰え、個々の自立・自営（自助）の生活が困難になり、地域の助け合いの絆（共助）は薄れ、行政への依存度（公助）が増すばかりである。介護を必要とする独居老人や老々夫婦が増加し、次々と空き家が増えている。また、山際の田畑は耕作放棄され、鹿、猿等野生動物の棲み家となり、集落の維持も限界に近い。このままでは、ふるさとの創生の源であり宝である、古き良き伝統文化は失われ、人々の記憶からも永久に消えてしまう。今出来うることは、人々の記憶や面影が消え去る前に「よみがえれ、ふるさと、古き良き伝統文化を活かし」そんな思いと願いを込め、「ふるさと創生の源・忘れざる思い出の聖地」として、記録に残すことである。

信濃国佐久郡春日郷「御鹿の里」物語◇目次

蓼科山北麓、鹿曲川流域の古代遺跡群

八ヶ岳の最北端に日本百名山の一つ標高2531mの蓼科山があり、その北麓の大河原峠に近い山腹より水が滝となり湧き出す場所がある。この場所は、千曲川支流、鹿曲川の源流地で、地元では大滝さまと呼ばれ、鹿曲川流域の中心的水源となっている。大滝より流れ下る水は岩を砕き谷となり、険しい渓谷をつくった。この渓谷は、今では、春日渓谷と呼ばれ美しい紅葉の名所となっている。そして、流れ下る水は、周辺からの湧水を集め、その流域に開拓可能な耕地をつくった。なかでも、鹿曲川の支流、細小路川との合流地点周辺は、扇状の広い平坦な地が出来、大きな集落地が生まれた。この地は、今から1000年前の平安末期、祢津氏系春日氏により開発された、信濃国佐久郡春日郷の中心、春日本郷である。現在でも、春日本郷は、鎌倉時代の侍街の用水路や小路が残る歴史遺産として貴重なスポットであり、御鹿《みか》の里と呼ばれる春日郷の中心である。御鹿の里の名は、この地に春日社があり、奈良の春日大社の御神獣が鹿であることから付いたと言い伝えられている。そして、御鹿の里を含め、この周辺の鹿曲川流域には、縄文時代中期から後期にかけての多くの遺跡が広く分布している。この地域に分布する縄文遺跡は、鹿曲川上流の山の神周辺から下流域、細小路川では、岩下地区の上流一ノ瀬周辺から下流域に見られる。そして、両河の合流点、春日本郷周辺一帯には、丸山、堀端、上新、宮平、金塚、長戸等に、縄文文化の全盛期である中期から後期にかけての遺跡が多く見られる。なかには、中期から後期にかけての縄文遺跡が重層になっている。一方、八ヶ岳西側、蓼科山南山麓には、多くの縄文人が住んでいたと思われる。長野県茅野市豊平にある、尖石遺跡は、縄文中期を代表する集落遺跡として、戦前からよく知られた存在である。近年、この遺跡からの出土品の「縄文のビーナス」と、いままで重要文化財であった「仮面の女神」も国宝に指定されたことで縄文の里として全国的に注目されている。一方この遺跡の蓼科山を挟み反対側、北麓の地域にも知られざる多くの縄文人が住んでいた。縄文人が住んだ理由は、鹿曲川、細小路川、八丁地川を中心に、沢水、湧水が至る所にあり、この水を求め、多くの動物が集まり生息する地域であったからである。また、植物の種類も多く、動物のエサとなる植物が豊富であったと思われる。そのため、多くの縄文人は、狩りで動物を捕らえ、木の実や食べられる植物を集め、暮らしを支えることができた。また、紀元前7000年から紀元前4000年の縄文中期時代の地球の気候は温暖であった。しかし、中期以降、次第に寒冷化に進んだ。特に、後期から紀元前3000年前の晩期初頭には、著しく気温が低下した。そして、この気候変動により、この地域の縄文遺跡は、中期以降次第に減少し、縄文晩期後半では、人々の生活の痕跡はみられなくなった。そして、植生も変わり、スギ、ツガ、トウヒ、モミなどの針葉樹林が増大し、冷温帯落葉広葉樹林が広がった。そして、しばらくの間、この地域に人が生活した痕跡がほとんど消え、歴史の空白が続いた。しかし、この気候の寒冷化は長く続かず、縄文晩期末から次第に温暖な気候に戻りはじめ、やがて稲作ができる現代のような安定した気候になっていった。そして、弥生時代前期の紀元前２００年頃に九州北部から始まった弥生文化は、たちまち日本中央部、濃尾平野まで広がった。そして、しばらくして濃尾平野方面から徐々に天竜川、木曽川をさかのぼり、やや遅れて松本平、善光寺平にも弥生文化が入りだした。そして、低湿地を利用した水田開発が始まり、弥生時代中期の紀元前１００年ごろ、千曲水系の佐久地区にも水田農耕が普及し、佐久各地に集落が造られ、特色ある弥生土器が生まれた。当時の日本（倭国）は百余国に分立していた。やがて、近畿で銅鐸、西日本では、銅剣、銅矛、銅戈の製作が始まる。そして佐賀県吉野ヶ里遺跡に大環濠集落と大墳、丘墳が造られた。望月周辺での弥生時代は二〜三の遺跡しかなく、パラパラと土器があるのみで集落はない。最初の古い遺跡は平石遺跡（協和）であるが、弥生時代の遺物は出ていない。西暦１００年を過ぎた弥生時代後期初頭、弥生文化は県下全域に広がり定着し、望月地域では、弥生時代後期後半の箱清水式期の土器がほんのわずか発見されるのみである。またこの地域一帯の畑からは、耕地整理が終わった最近まで、鏃や多くの土器の破片が見つかることがあったがいずれも弥生時代のものではない。今でも子供の頃の思い出に、鏃や土器を拾い集めた記憶を持つ人も多い。旧望月町の考古学調査は、明治時代、この地域の遺跡からの出土品を基に研究調査した春日上新、伊藤祐雄氏の著書『春日温故記　資料・壱』（大正2年12月著）が発見された事が出発となった。なお、この頃の日本（倭国）は、戦乱が続き、百余国の小国はやがて30カ国ほどに統合された。いわゆる、大王の国が分立する時代である。そして、古墳時代前期の4世紀初めごろから、畿内を中心に有力大王による大和連合王権が誕生し、国家統一の征夷戦が開始された。望月地域に残る伝承で、『日本書紀』景行紀55年2月5日の条によると、豊城入彦命《とよきいりひこのみこと》の孫で、「東山道の15の国の都監《かみ》、彦狭嶋王《ひこさしまおう》が任国に赴く途中、春日穴咋邑《かすがあなぐいむら》で病に臥《ふ》して亡くなり、その時、東国の百姓は、王が来ないことを悲しんで、王の屍《しかばね》を盗み、上野国に埋葬した」とある。

それが今の群馬県甘楽郡甘楽町にある天王塚古墳であると言われている。この古墳は、別名を神明塚とも言い、長径70m、短径40mの、姿の整った古墳である。一方、佐久市協和比田井に、彦狭嶋王の墳墓であると伝えられている王塚古墳があり、その地籍に王殿王宮神社が諏訪神社と並んで祀られている。景行紀、翌56年8月の条には、彦狭嶋王の子、御諸別王《みもろわけのおう》が、父の業を承《う》けて任国へ赴任し、東国を治め、蝦夷を討ち降伏させたことが記されている。春日穴咋邑については、古くから諸説があり、尾張の春日部郡（愛知県）、美濃の池田郡（岐阜県）、上野（群馬県）、大和（奈良県）等にも伝承がある。しかし、当時、彦狭嶋王の祖父、豊城入彦命は、皇族自ら有力大王を伴い征夷軍を率い、上毛野（群馬県）、下毛野（栃木県）の始祖となった崇神天皇の子である。彦狭嶋王と子の御諸別王もまた、皇族自ら物部氏、大伴氏等豪族の征夷軍を率いて任国に赴任し、その赴任先は東山道諸国の統治拠点であり、征夷軍の本拠地がおそらく上野国にあった。その上野国に至る直前のことであるから、春日穴咋邑があったと想定されるのは、信濃国佐久郡春日郷付近と考えられる。

古東山道と古代の謎、春日穴咋邑

古東山道とは、律令時代以前の古代奈良の都から東国への道で、望月地域は、その道筋であるだけでなく、大和王権の東国征夷に重要な経路にあったと考えられる。まず、古東山道は、古代大和王権が国家統一の東国征服のため開設した道で軍事的、政治的、経済的色彩の強い軍道である。日本に大和王権が畿内を中心に誕生し、およそ4世紀の中頃から西日本及び東日本の広い範囲に勢力を拡大していった。そして、大和王権の勢力圏の一つが、信濃国である。『日本書紀』の景行紀40年10月の条に、「唯信濃国・越国頗未従化」とあり、この時点では、信濃国、上越地方は、大和王権の勢力圏に入らず、大和東国征夷軍の未制圧地帯であったことがうかがわれる。その後、崇神天皇の子の豊城入彦命の孫である彦狭嶋王が東山道15カ国の都監として、上野国に赴く云々、……は、大和王権の勢力圏が信濃国を越え関東を経て東国へと広がり、15カ国に及んでいたことを示している。そして、その間、信濃国内は、大和王権征夷軍と在来豪族および住民との間に、激しい戦いが繰り返され、古東山道に隣接すると思われる春日穴咋邑も例外ではなかったと推察される。従って、彦狭嶋王の死は単なる病死でなく、大和王権と対抗する蝦夷勢力の襲撃の傷による戦病死とも考えられる。そして、その子御諸別王は、父の覇業を受け継ぎ、徹底的に対抗する蝦夷勢力を打倒し、降伏させた。しかし、長野県歌『信濃の国』のように、山あり谷あり盆地あり、日本を代表する川も山もあり、起伏にとみ分立した地形である。そのため、その後も蝦夷の残存勢力との討伐戦は、長く続いたと思われる。注目すべき遺跡として、古墳時代前期の4世紀頃、佐久郡春日、高橋後沖で玉造が行われ、その住宅址が発見されている。なぜか、各々の住宅の跡すべてに、焼けた痕跡が残っている。単なる失火なのか、襲撃による焼き討ちか。この場所周辺は、縄文遺跡が重層になって発見され、特に、土器や鏃の多い遺跡の宝庫である。鏃は単なる狩猟のためのものなのか、あるいは、大和王権の征夷討伐戦に対抗する激しい戦いの証しなのか、鏃は何も語ってはくれない。しかし、彦狭嶋王の伝承内容の年代と古東山道を結びつけて考えると、この時期、信濃国は、大和王権の勢力圏の未制圧の地であり、この地域が諏訪から雨境峠を越え、佐久に侵攻する入り口である。大和東国征夷軍には、佐久に侵攻し佐久の在来対抗勢力を討伐征夷するための前線基地としてこの地域を確保する必要がある。このため、この地域の確保を巡り、白樺湖から雨境峠付近を含め、依然戦いが続いていた可能性がある。この頃の大和王権東国征夷軍の制圧圏は、古東山道の周辺地域を帯状に確保している状態で信濃国は一部分が制圧されているにすぎず、制圧圏が面の状況ではなかったと思われる。なお、古東山道の道筋は、大和（奈良を中心にした畿内）→美濃（岐阜県）→信濃（長野県）→上野（群馬県）→下野（栃木県）→陸奥（福島県、宮城県）→出羽方面（秋田県）まで通じていた。望月周辺の古東山道は、まず、岐阜から神坂峠を越え信濃国に入り、天竜川を遡り、伊那から杖突峠を越え茅野に入る。茅野から蓼科山を見ながら音無川に沿い白樺湖へ。白樺湖から女神湖を過ぎると視界が開け、峠越えの最大の難所、雨境峠（役の行者越え）を越えて蓼科山の裾野から浅間山を見ながら、尾根を下ると望月に入る。この間の道筋には、雨境峠を中心に、旅の無事と安全を祈る多くの遺跡が残っている。そして、望月から瓜生坂を越え佐久に入り、千曲川を渡り、入山峠を越え上野国に至る。以上のように雨境峠と望月地域は、古東山道の道筋で、諏訪から佐久、佐久から群馬に至るまでの重要な位置にある。この地域が完全に大和王権の勢力圏に入ったのは、古墳時代中期の4世紀末から5世紀初期と考えられる。その理由に古墳の存在がある。古墳は大和王権の象徴的意味があり、古墳の造られた年代には、この地域がすでに大和王権の勢力下に入った事を意味している。大型の円墳である内裏塚第一、第二号墳（協和）、姫塚古墳（春日）は、山頂や尾根の先端部に単独で築かれている。その後、古墳時代後期の6世紀に入ると、平坦丘陵に古墳群が築かれた。現在、彦狭嶋王の墓地と伝えられるものは、旧春日村皇子塚古墳と旧協和村比田井王塚古墳と二つある。しかし、形状等から築造年代は、6世紀頃と推定される。彦狭嶋王の墓とする伝承は、『日本書紀』の文章が仮に正確ならば、年代の差があまりにも大きい。

しかし、春日穴咋邑の所在については、彦狭嶋王が任国の上野に向かう途中の出来事で、任国、上野国に近く、この時すでに存在し、大和王権内でも知られている。さらに、春日氏は、古代大和王権の豪族で、物部氏、大伴氏、蘇我氏と並ぶ名族で、5〜6世紀頃は、多くの皇妃を輩出したことで知られている。はたして、春日穴咋邑は古代奈良春日氏と関係があるのだろうか。そして、この地域の貴人の名の付いた古墳群は、大和王権または、その有力豪族と関係があるのだろうか。また、神話の時代、『伊勢国風土記』逸文の二人の神、伊勢に大風を起こし信濃に去った伊勢津彦命と、河内国に去った春日戸の神と枚岡神社《ひらおかじんじゃ》や古代奈良大和国添上郡を本拠とする春日氏とがどう結びつくか、古代奈良との関係で、春日穴咋邑の由来には、色々謎が多い。さらに驚くことは、初めてこの地を訪れた人からこの里は、奈良の都の南側の里山に似ており、古代奈良の趣がある、古代の遺跡が多いこの里は「信州の奈良」と呼べるほど魅力があると言われた。景観的には、『望月小唄』に歌われるように、南に蓼科山、北に浅間山をのぞむ美しい山里である。そして、鹿曲川と支流、細小路川、八丁地川の沢筋には湧水が多く、水の豊かな里である。水の豊かさがこの里の繁栄を築いた源であり、この里の宝でもある。なお、この地域の遺跡からの出土品の多くは、地域の宝として、佐久市望月歴史民俗資料館に保存され、その一部が展示されている。

春日穴咋邑の夢の跡か、蓮華寺周辺の繁栄

春日穴咋邑の所在地は不明だが、春日地域が有力な候補地である事は、疑いのない事実である。古来、春日城を穴小屋城と呼び、協和比田井の王塚古墳の近くに、咋《くい》田の地字名があり、春日穴咋邑の「咋《くい》」にかける説もある。しかし、この事を解明するためには、神話の時代を含め多くの具体的資料の存在と、考古学的調査が必要である。そこで、視点を変えて古来春日の里の中心所在地を探してみると、最も注目したいのは、少なくとも荘園時代にさかのぼり、平安時代中期、治暦３（１０６７）年創建された古刹、高野山蓮華定院末寺、真言宗別府山蓮華寺であり、その周辺地域である。この寺の裏山の大字春日字別府久保の東に伸びる尾根の突端の山上に、この地域で最も古い古墳の一つ姫塚古墳があり、東の鹿曲川の河川段丘の平坦な丘陵地には皇子塚古墳をはじめとする金塚古墳群がある。そして、時代が下り下ノ宮、比田井等は、この地域での水田開発の最初の地域である。当初の水田は、久保（窪）に集まる沢水でため池を造り、その水を利用して、水田にするか、または、低湿地を整備し水田を開くかのいずれかである。鹿曲川流域の河川段丘の上の春日穴咋邑に推定さ

れる比田井、下ノ宮地籍は、地形的にこの条件の二つを備えている。時代は不明だが佐久口碑伝説に「昔、春日の浦谷という所に、フジという女がいた。ある日の夕方、川へ鍋釜を洗いに出たところを、キツネにさらわれてしまった。その晩、村中でフクベを叩いて、大騒ぎをして見つけたら、別府久保池に水死していたという。どうしてさらわれたかというに、娘の父が昼間畑仕事にいってキツネの巣をかまったので、その報いだという」と言い伝えられている。同様に、タヌキに化かされ、ため池に落ち水死した話や、ため池や水辺にきた動物を狙う山犬（オオカミ）に、人間の子供も襲われ食い殺された話が伝承されており、当時は、人間と動物との距離が近く、常に危険と隣り合わせであった。また、下ノ宮地籍の伝承に「釣鐘どぶ」がある。「昔修験者がこの地を訪れ、鹿曲川東の山の上から大きな釣鐘を投げたら、落ちた所に大きな穴があき水が溜まりどぶになった。人々はこのどぶ池を釣鐘どぶと呼んだ」。「釣鐘どぶ」の伝承の地は、鹿曲川流域の河川段丘の下、現県道沿いかと思われる。この伝承は、この地域の開発当初の伝承と考えられるが、当時、開発前のこの辺りの鹿曲川流域は葦で覆われた広い湿地帯であり、水田開発に適している。まず、池をつくり、周辺の湿地の水を池に集めため池にすれば、周辺の水田開発は可能である。以上の口碑伝説は、いずれも農業用ため池にまつわる伝承で、農業用の用水路の整備は、近年の戦後まで続いた。

蓮華寺が位置する別府は、国府の分庁との解釈もあるが、平安時代末期は、新たな開墾地を荘園にした土地のことを別府と呼ぶ。この地域が新たに開発され荘園になった別府で、やがて土地の名前となったと考えられる。したがって、蓮華寺が創建された頃は、この周辺は、新たなる荘園として開発され、そして、蓮華寺は、この地域を開発した人々の氏寺として、別府の地に創建されたと思われる。本格的なこの地の開発者は、望月氏と祢津氏系春日氏と思われるが、鎌倉時代には、佐久郡内でも一、二を競う繁栄の地であったと言われている。そして、鎌倉幕府滅亡後、中先代の乱で望月城（天神林城）が破壊され、望月氏に代わり、この地が京都大徳寺の寺領として、地頭、伴野庄春日郷となり、室町時代には、春日本郷を中心とする祢津氏系春日氏による春日郷と並立することになる。しかし、別府山蓮華寺とその周辺の繁栄の証しとして最も注目したいのは、蓮華寺の碑文の「明応元年本堂末寺門徒塔頭十二坊其外寺中付不残焼失の難を受け、」との記載である。この碑文で、蓮華寺は、十二の塔頭（坊）を有していたほどの規模の大きさであることがわかる。新たに荘園領主となった多くの人々が、氏寺として、莫大な寄進を蓮華寺にした証しであると思う。蓮華寺の火災焼失の原因は不明だが、応仁の乱（１４６７年）から25年たち、戦乱が京都から、地方へと拡散し始めた頃である。不幸な火災であるが、この寺が、大規模であり、創建から焼失するまで維持できたのは、氏寺として、この地で繁栄していた証しである。蓮華寺の立地環境は古墳地帯に隣接し、彦狭嶋王の王陵の伝承のある王塚古墳が存在する比田井は、古道沿いである。一方、春日本郷の西、蓮華寺から南、向反区に山寺をはじめ、伽藍回、寺の入り、堂の前、弥勒田、大門前等の地字がみられ、山寺は密教系と思われる。さらに、蓮華寺の参道と言われている古道跡がいくつか残っている。なお、明清寺（曹洞宗）、廃寺繁福寺（蓮華寺末寺）は、後年創建されたものである。また、蓮華寺の近くに善郷寺の地字があるように、この地の周辺には、旧寺址の伝承もある。寺址あるところは、その近くに人里がある。蓮華寺とその周辺は、春日の里の最初の中心地であり、佐久郡内でも一、二を競う最大の繁栄の地であると考えられる。なお、蓮華寺の家紋は、宮中の裏紋、五、七の桐紋である。太平洋末期、日本陸軍は本土決戦の準備に入っていた。「戦時中、蓮華寺を憲兵が調査した」との話をきいたことがある。太平洋戦争末期、望月地域は、陸軍士官学校の疎開地であった。皇室との縁を示すこの家紋は、日本陸軍士官学校の疎開地を選ぶ上で、重要であったのであろうか、今では知るよしもないことである。また、蓮華寺の由来および、その周辺の繁栄ぶりに関する文章として、郷土史家の故渡辺重義氏が著した「蓮華寺とその周辺」『館報・もちづき ― 春日物語 ―』（望月町公民館・第33号、34号〈昭和37年8月5日・9月10日〉）がある。皇室と蓮華寺の由来を著しており大変興味ある内容である。

古代奈良時代の三明と律令時代の句領、別府

現在の春日地区には、所領を意味する地名が、三《み》明《みよ》、句領久保の句領、別府久保の別府と3カ所ある。三明は、春日本郷から南、およそ2㎞の細小路川西岸に、新町区と隣接し、三明区として存在する。三明は、屯倉《みやけ》が転化したと言われている。屯倉とは、大和朝廷の直轄領を意味し、この地が律令国家になる以前から開発されていた事を示している。現在、三明区に隣接する宮ノ入区の口元に根神社《ねのじんじゃ》がある。祭神は、開墾当時の鎮守の神「国《くに》之《の》底立命《そこたちのみこと》」である。創建時代は不明で、由来は、古老の口碑伝承として、「古来に勧請。土地開墾当時、天然の立石一基があり、そのそばに、数丈もある大槻（大きな欅の木）が繁茂していた。そこで人々は、この場所を神社と定めて、石を祭り、国常立命《くにのとこたちのかみ》として崇拝してきた。」以上の内容は、根神社は、最初にこの地に開発に入った人々が、定住するため、鎮守の森を造り、立石を祭り、開墾時最初に祀る神、「国之底立命」を勧請したことを表している。即ち、根ノ神であり、開発年代を知る上では、屯倉の存在を考えざるを得ない。さらに、根神社が蓼科山北麓に存在するのに対し、蓼科山南麓の諏訪郡北山村柏原・湯川・芹ヶ沢（現・茅野市北山）の3地区に、根ノ

神の神社があるとのことである。旧春日村から細小路川上流、樽脇付近から北八ヶ岳双子山の東の尾根に取りつく。その尾根を登り、双子山の北麓沿いを西に蓼科山を目指すと大河原峠に着く。大河原峠を越え、諏訪方面に下ると、茅野市北山にでる。この道筋は、春日の人々が、諏訪へ抜ける近道として、諏訪の温泉に遊山の道として、また、昔から、諏訪と春日を結ぶ古道としてよく利用されていた。おそらく、古代、古東山道の雨境峠（役の行者越え）とは別の、大河原峠を越えての、諏訪と佐久との知られざる往還道であったと示唆される。また、蓼科山を挟み南、北両山麓に多くの縄文遺跡が存在する事から、この道は、縄文時代にさかのぼり、古来より利用されていたとも思われる。

その後、戦国時代にはいり、根神社は、春日城主芦田氏（依田氏）に護持される。即ち、根神社の由緒によると、天文年間、春日村穴小屋城主芦田下野守信守（依田信蕃の父）が、自領の春日の山野を巡視した途中、社内で休息をした折、霊石（立石）と大槻（大きな欅の木）を崇称し、「私は、武功の徳を得て、この土地の領主になる事が出来た。一つの祠を建設しなさい」と村人に命じた。人々は、この命令に敬服し、祠を建立した。その後、天正10年、北条氏直が大軍を率いて来襲し、春日城主依田信蕃との戦になり、春日村は戦場になった。その時の戦で、根神社は兵火のため社殿は焼失してしまった。しかし、戦乱が治まった寛永年間、人々は根神社への崇敬の思いを重ね、そして寛文10年本殿を再建、元禄15年には拝殿を改造した。

そして、例祭の式三番叟を恒例祭とし舞台上、今日まで奉納されている。この地域の人々には、根神社は今もなお鎮守の森として、心の拠り所であり、子供の頃の楽しい思い出の場所であり、聖地である。

次に「句領と句領久保」は、春日温泉と新田区との境目付近の間の小さな沢と沢口を言う。「句領」は、律令制度の公領のことで、国衙領を意味する地名である。国衙《こくが》とは、国の役所の意味で、国衙領は、平安時代中期以降の公領を荘園に対して呼ぶ歴史用語である。注目すべきは、句領に隣接する「太郎別当」の地名である。「別当」の意味は、時代の推移により変わるが、当初の律令制度下では、本官の補佐的地位の意味である。しかし、10世紀以降は、律令制の崩壊が始まり、当時の公領には、国衙を置き、国司を現地に派遣し、租税納税の業務を請け負わせていた。ところが、国司は、この業務を在来豪族に委任したため、公領が事実上国司の荘園に変わって国の税収は減少していった。特に11世紀には、内裏や大寺院の火災が多く、その再建が迫る中、臨時課税も困難で、朝廷はしばしば、荘園整理令を発布し、その対策を講じていた。こうした当時の国の状況を考えると、句領に隣接する太郎別当は、祢津氏系春日氏が国司からの委託を受け、国衙領の句領、句領久保の納税業務を国衙に代行する現地事務所を置いたものと考えられる。「太郎」は人の名で「別当」は役職の意味で、これが地名に転化したと思われる。しかし、当時の状況から、この土地は標高が高く、蓼科山北麓の高原地帯であり、あまり農業に適せない。ここに国衙領がある理由は、馬の飼育、即ち国の牧場の存在かと思う。別府については、国府の分庁と解釈するより、新たに開発領主により開発された荘園を別府と呼んだ事から、その別府が土地の名に転化したと理解したい。この地が、伴野庄春日郷の穀倉地帯であることは、歴史が証明している。

なお、句領久保の上の稜線に句領峯がある。地元では、句領の頭《あたま》と呼ぶ人もいる。この句領の頭は、雨境峠（役の行者越え）から春日に至る、古道の起点である。春日村では、昔から雨境峠を「大どうし越」と呼んでいる。この道は、古東山道から雨境峠付近で分かれ、蓼科山の北斜面の高原状地帯を斜め北東に下り、八丁地川・唐沢を渡り、湿地帯（うめじ原）を横切ると、蓼科山北麓の尾根の一つトキンの岩の尾根がのびる、協和村と春日村の境界の稜線に至る。この稜線上に句領峯がある。従って、句領峯は、雨境峠から春日村に至る起点であると同時に、茅野市から大河原峠を越え、トキンの岩の尾根を下り春日村に至る起点の場所でもある。さらに、句領峯を少し下り、稜線から東に下りると竹の城から春日本郷に、春日本郷から東に細小路川を渡り、金井坂を越え、布施・抜井を越え、県《あがた》のあった佐久平に至る。また、句領峯から下る稜線の先の東側の里に入ると、順に、姫塚古墳と蓮華寺のある別府、王塚古墳のある比田井地籍に至り、さらに稜線を下るとその先に内裏一号、二号古墳がある。句領峯を起点とし、佐久に抜ける道も考えられる。句領峯の東直下句領から鹿曲川を渡り太郎別当を通り東尾根を越え、茂沢または、宮ノ入から屯倉が転化した、三明。三明から細小路川を渡り、市坂を越え布施へ、布施から佐久へ至る道である。

以上のように句領峯（句領の頭）は、知られざる古道の起点である。なお、太郎別当の東側の尾根の中腹に、岩穴があり、数人なら緊急時の避難小屋となる最適な場所にある。今この穴は、県道の上にあり、冬場になり木々の葉が落ちると、判りやすい。現在この穴は、崩落が激しく、かなり埋まっていて、蝙蝠《こうもり》の巣になっているが、以前は、近くの子供たちの遊び場（聖地）であった。

祢津氏系春日氏と春日本郷の誕生

今から約1000年前の平安末期、11世紀から12世紀の初めにかけて、千曲川の西岸、佐久の川西地区は、滋野一族の望月氏、祢津氏が主に開発領主となり開発が進められた。大化の改新後、日本は、統一国家として律令制度を国是とした。律令制度の根幹は、原則として国の土地はすべて国有地とし、この土地を農民に口分田として割り当て、その収穫から租として徴税すると規定した。しかし、国は、さらに税収を上げるため、活用可能な耕地を最大限に拡大する施策として、未開発地の開墾を奨励する墾田永年私財法を制定し、新たな開発地の荘園私有化を認めたのである。そのため、全国的に財力の豊かな中央有力貴族や大寺院は、諸国の国司を通じ、競って未開発地の開墾を始め、私領化（荘園化）が進んだ。荘園の増大は、有力貴族やその保護下の寺院に膨大な収入をもたらす一方、国司等による税収の減少は、国家財政に深刻な打撃を与えるようになっていった。そこで、国は、その対策として、しばしば、荘園整理令を発布したがその実効性は上がらず、律令制の崩壊が進んでいった。

現在の春日本郷の開発は祢津氏により進められた。祢津氏は、東信濃の豪族滋野氏を始祖とし、海野氏、望月氏と並び滋野御三家と呼ばれ、本貫地は信濃国小県郡（現長野県東御市祢津）とされている。祢津氏は平安末期、墾田永年私財法の制定を契機に、信濃国小県郡から周辺の未開発地の開墾を手始めに、やがて上野国吾妻郡一帯にまで広大な勢力を誇るようになる。さらに、代々婚姻で諏訪氏との結びつきを強くし、諏訪神党となった。また、祢津氏は鷹を使う一族として知られ、武勇でも優れ、中でも祢津神平は、保元の乱で大活躍している。この祢津神平の四男貞親が、春日本郷の開発領主となり、春日氏を名乗り、春日氏の始祖となった。そして、貞親の子、春日貞幸は、承久の乱で幕府軍の総大将北条泰時を宇治川の戦いで救い、その名が歴史の表舞台で知られるようになった。春日氏の始祖、祢津貞親がまず目を付けたのは、蓼科山北麓から延びる尾根を挟んだ、鹿曲川と支流細小路川の合流点の広い平坦な荒地である。この合流点（落合）より鹿曲川下流域ではすでに所々部分的に開発が進められ水耕栽培も始まっていた。そこで、祢津貞親は、蓼科山から延びる尾根の先端部分の東麓に領主居館を造り、ここを拠点にし、居館山上に城郭を築いた。さらに、用水路と小路を整備し街をつくり、家臣の住居とした。そして、集落の鎮守の森を鹿曲川南岸の河川段丘の微高地につくり、その守り神として、奈良の春日大社から春日氏の氏神、天児屋根神《あめのこやねのかみ》を祀るため、春日社を勧請、さらに、諏訪神党の祢津氏の由緒から諏訪社も勧請した。そして、この地を春日と定め、自らも開発領主として、祢津氏から春日氏と名乗るようになった。祢津氏系春日氏の誕生である。

祢津貞親がこの地を春日と名付け、奈良から春日社を勧請し、自ら春日氏を名乗った理由は不明だが、この地の近くに存在していたと思われる、春日穴咋邑との関係も考えられる。その後、春日社を勧請したことで奈良の春日大社の御神獣が鹿である事から、この地が「御鹿の里、春日」と呼ばれるようになったと伝えられている。また、隣接する別府山蓮華寺と下ノ宮の諏訪社とは、春日郷の成り立ちを知る意味で春日氏とも深い関係があったと考えられる。現在の春日本郷は、その後、祢津氏系春日氏により周辺地域に開発が進められ、信濃国佐久郡春日郷の中心地として、今日その遺構は、鎌倉時代の侍街とその用水路や小路として残り、知られざる歴史遺産としての貴重なスポットとなっている。

春日本郷の開発と侍街（城下町）の成り立ち

春日本郷の街づくりは、平安末期から鎌倉初期に開発領主であった春日氏の始祖、祢津貞親、改め春日貞親の時代から始まった。まず、貞親は、政務と家族の住居を兼ねた領主居館を、鹿曲川と細小路川に挟まれた尾根の先端部分の東麓に建てた。現在の康国寺の寺域あたりである。そして、有事の際の防衛として、居館のある山上に城を築いた。この山城が春日城、別名穴小屋城である。

さらに、家臣と家族の居住のための街造りとして、生活に必要な用水を春日城西、鹿曲川東岸字川原より取水した。そして、取り入れた水の用水路と用水堰を各々の小路沿いにつくった。そこに、領主の家臣と家族は、家を建て居住した。さらに、春日貞親は、鹿曲川と細小路川に挟まれた河川段丘の中洲の上の微高地を集落の鎮守の森とした。そして、この地に春日社と諏訪社を勧請した。これが初期の春日本郷の侍街の誕生である。当初の春日本郷の街は、鹿曲川や細小路川の氾濫、洪水から避けられた、居住可能な一部地域に限定されていたと考えられる。そして、その範囲には、この地域に分布している縄文遺跡、弥生遺跡があった、現在の堀端区、上新区、金井区の一部であると思う。その論拠は、以下のとおりである。平成になり、春日本郷地域も下水道工事が各所で始まった。工事関係者から、本郷地区の地下の状況を少し知ることが出来た。また、古老の話から、水道が本郷地区に出来る前の井戸掘りでの、地下の状況も知ることが出来た。その結果、本郷地域の地下の状況は、僅か数メートル掘ると広い範囲で大小様々な石で埋まり、地下水も湧き出してきて、まるで、河川敷を埋めた跡のような状況とのことである。さらに、戦後度々襲われた洪水でも堤防は破壊され、鹿曲川と細小路川の合流点、落合の位置も変わり一定ではなかった。現在の落合の位置は、昭和34（1959）年8月の洪水水害の後に整備されたもので、また、現在の五郎兵衛用水路の取水口も落合のすぐ下にあるが、以前は落合の細小路川末端付近であったとの証言を得た。従って、開発当初の居住可能な場所は、洪水から冠水破壊を免れた縄文式遺跡が残る極めて限定された地域と考えられる。そして、春日本郷は、長い年月をかけ、鹿曲川と細小路川の堤防や水路の整備の闘いを続け、順次居住可能な土地を広げて、現在の状態に至ったと思われる。春日本郷の開発当初は、護岸整備もなく、少しでも大雨が降れば、自然条件そのままに、常に、細小路川、鹿曲川の川沿いは、洪水、氾濫を繰り返し、両岸沿いに荒れた河川敷状態であったと考えられる。特に鹿曲川は流れも急で水量も多い暴れ川であった。そのため、春日本郷の現在の大西区、北春区（小西）は、後に開発された場所で、当初は、河川敷状態の荒地であった。そして、すぐ下流域に中洲が生まれ、その河川段丘上に微高地になっていた。つまり、春日本郷の開発は、河川敷状態の荒地を耕作地に変える闘いであった。当時の開発者は、洪水と繰り返す氾濫に負けることなく立ち向かい、堤防を築き耕地を切り開いていった。洪水のたび氾濫により切り開いた耕地は流失する。その都度、作り直す。そんな気の遠くなるような作業を何世代にわたり繰り返し、ようやく人の住める土地へと変えていった。その一例に現在の大西区、北春区がある。護岸整備で洪水の氾濫冠水を免れる土地に変わると、鹿曲川から取水し用水路と小路を造り、街が生まれた。小路は、春日領主居館から西と言う意味で西小路と呼ばれた。現在、過去の堤防の名残の石積みが、堀端小路から向反区に向かう、堀端区と大西区の境の大西区側の道路の右脇に残っている。この石積みは、先人たちの洪水と氾濫との闘いの痕跡として貴重な遺跡である。

この間、先人達は、植林と馬の林内放牧により、山林の保水力を高め、水害被害の減少に努めた。また、江戸時代の宝暦３（１７５３）年10月16日、「春日村西小路（大西）の女講中、鹿曲川の水害犠牲者を供養する観音石像を建立する」との記録が残されている。この観音石像の記録は、大西地域に住む人々が幾世代にわたり水害と闘った先人達の苦難に満ちた開発の歴史を知る上でも貴重な災害遺跡である。そこで、まだ記憶に残る昭和34（１９５９）年８月４日、台風７号の鹿曲川の氾濫により濁流が、川沿いの大西区、北春区、高橋区を襲い、多くの家屋が流失、または土砂で埋まり、全半壊した時の記憶をたどると、冠水地域は、およそ開発前の地域と重なるように思える。そこで、鹿曲川水系の過去の大洪水の記録を調べてみると、『望月町誌　第四巻』「第十一章　災害」６０７頁に佐久地区の江戸時代の主な災害年表として掲載されていた。そして、鹿曲川水系では江戸時代だけでも大洪水が何度も繰り返されていたことが記録として残されている。なかでも、江戸時代の信濃国の代表的な災害の一つである「戌の満水」については、詳しく記載されている。要約すると、寛保２（１７４２）年７月28日頃大阪付近に上陸した大型台風は、本州を縦断、中部、関東、東北を通過して三陸沖に抜けたと言われている。このため、信州、越後の千曲川水系や犀川水系は、各地に大洪水が発生し、流域全体で２８００人以上の死者を出す未曾有の大惨事となった。この大洪水は後世記録に残る災害として、そしてこの年が戌の年であったことから「戌の満水」と呼ばれている。佐久地方では、千曲川が氾濫し、現在の佐久穂町では、集落全体が流失し多くの犠牲者を出している。小諸城周辺では、浅間山の前掛山付近で山崩れが発生。土石流が小諸城一帯に流れ込んだ。城下の家屋敷を押し流し小諸城にも流れ込み、大きな被害を与えた。鹿曲川水系でも鹿曲川、細小路川、八丁地川が氾濫、各地に崖崩れ、土砂崩れが発生。鉄砲水が流域に大被害をもたらした。特に、望月宿、望月新町の被害は甚大で鹿曲川右岸の望月新町で47軒、左岸の元町で20軒の家屋が流失、両岸の土蔵、長屋等の多くも流失した。流失を免れた家でも流入した土砂で埋まった。その他、鹿曲川に架かる橋の流失や用水堰、堤防、道路の流失破壊やおびただしい田畑の被害によりこの地域の人々のその後の生活への支障は、長く続いた。春日村では村中の堤防は、各所で決壊、用水堰と道路も各所で分断され埋まり、村の5カ所の橋も流失。田畑の流失はおびただしい数で、流失した家21軒、つぶれた家35軒、砂や土砂で埋まった家、浸水した家は数多く、村全体が大破した状態になった。そしてこの影響は、長く春日村の人々の生活の障害となり、この大災害から復旧、立ち直るには、長い歳月が必要になった。今でも、千曲川、犀川流域では、旧暦8月1日（1742年8月30日）の戌の満水の犠牲者供養のため、お盆のお墓参りとは別に、新暦の8月1日に墓参する風習が残っている。

次に小路名と地区名には、密接な関係が考えられるが、名の付いた年代は、開発の進捗状況により異なるように思える。現在小路名として残っているものは、堀端小路、新小路、金井小路、宮小路、下小路《したこうじ》であり、名称の不明な小路も存在する。開発は、水路の整備から始まったと考えられる。『望月町誌　第三巻』619頁の図「春日本郷の初期用水の推定」によると、まず、取水口を鹿曲川字川原とし、用水路は山沿いに北に向かい、日陰堂、多賀社を過ぎ、山沿いに右に曲がり東に向かう。その途中、古屋口付近に堰をつくり、分水する。一つはそのまま東に向かい、途中、堰がつくられ、そのまま東に流れる用水路に沿い、下小路の名が付き、その上は、上小路《かみこうじ》の名が付いた。堰から分水し北に流れる水路は、途中右に折れ、現在の「春日、諏訪社合殿」の南脇を流れ、その小路は宮小路の名が付いた。一方、古屋口から分かれた用水は、山沿いに東に向かい、康国寺の北側に沿いそのまま流れ下る。その途中、堰が造られ、南側に折れ分水され、途中康国寺正面から東に向かう方向に用水は流れ下る。この用水路沿いの小路が金井小路であり、井戸尻の字名が残っている。さらに、金井小路入り口付近から南に流れる水路があり、途中東に折れ曲がっている。この水路に沿い小路もあるが、名は不明である。しかし、いずれの用水路も、細小路川へ流入している。

以上が、春日本郷の初期段階での用水路と小路で、居住可能な土地である。しかし、春日本郷の街も開発が進み、拡大し、それに伴い用水路にも変化がみられた。同誌６１８頁の図「春日本郷の館路とその付近」は、明治初年の状況を表している。さらに、康国寺について、『長野県町村誌』「春日村、金城山康国寺」の項に、「塁濠二重ありて、堀端小路の称あり云々」との記載がある。平成23（２０１１）年3月18日、佐久浅間農業共同組合春日支所建設事業に伴い、『春日居館跡・佐久市埋蔵文化財調査報告書　第１８７集』発掘調査報告書が佐久市教育委員会により発表された。その報告書を同組合副組合長小松守男氏より譲り受けた。その報告書の内容には、明治初年に出された、『長野県町村誌』に記載された内容の裏付けが取れた事と、県内の出土として希少な例となる景徳鎮の「五彩碗」が出土したことを記載している。また、第15図「春日居館跡堀推定図」では、二重の堀が山城を背に「コ」の字状に描かれており、現在の康国寺内の石橋と池が当時の内堀の一部として残っている。外堀は、その一部が康国寺と同組合春日支所を「鉤《かぎ》の手」型に囲む道路となっている。以前、堀端小路は、上小路と呼ばれていた。おそらく、依田氏により領主居館の防衛強化のため、堀が二重になり、外堀に隣接する上小路は堀端小路となり地区名も堀端になったと考えられる。また、外堀の端から北に向かい鹿曲川に至るまでの小路と水路もこの時代につくられ、小路名を新小路《あらこうじ》としたと考えられる。

金井区は、『望月町誌　第三巻』第1章第三編中世620頁に、「金井」について次のような記載がある。「寺中金井と称する大井堀抜の麓泉にて、金井小路の称あり。」とある。さらに、金井小路の先に井戸尻の地名がある。このことから、金井区の地名は金井小路名から付けられたとされている。一方、別な説として「金井」は、地字名で小路名からではない。春日本郷同様、祢津氏居館跡（現東御市）にも金井小路があるが、あくまで、小路名で、集落を意味する地字名ではない。祢津氏も春日氏も諏訪神社の神《みわ》一族であり、この辺りに神事のため金井氏の住居があった事が考えられる。金井氏は、諏訪神社の神事「もてなし膳」の「鹿人職《ろくびとしき》」であり、また、神事に舞う巫女を取り締まる「大市職《おおいちしき》」でもある。従って、金井小路は金井氏の名から付けられた。さらに、金井の地字名は、春日城西下、多賀社付近、その近くにもある。このことから、金井区は、小路名からではなく、地字名金井から付けられたとの説がある。上新区は、上小路と下小路の境目が新小路であり、「上」と「新」を取り「上新」としたとの説である。大西区は、春日居館から西の地区の意味で大きい地区を大西、小さい地区を小西（後に春日本郷北の意味から北春）とした。しかし、本当か否か具体的裏付け資料がない。

祢津氏系春日氏と春日城（穴小屋城）

春日城は、当初、祢津氏系春日氏がこの地に開発に入り、領主居館、侍街と共に築かれた山城であり、別名穴小屋城と呼ばれた。蓼科山北麓、大河原峠ちかくの大滝を源流とする鹿曲川とその支流細小路川に挟まれた尾根の先端部分につくられた、山城である。一般に日本の山城は、中世から戦国時代にかけ全国的に築かれている。中世の山城の構造は、山上に城郭を築いて戦時の防衛施設とし、麓に領主居館を造り、平時には領主や家族の生活の場と政務の場でもあった。当初、山上の城は、簡単な建物と櫓を建てただけのものであり、長期間の居住を想定していなかった。しかし、武家の台頭と鎌倉時代の誕生により、日本は、武家政権と朝廷政権の二重政権時代に入る。そして、両者の対立から、武家同士も大規模な武力衝突をする事態も生じた。しかし、東信濃が拠点の滋野一族は、根々井行親等木曽義仲軍の主力軍として戦い源頼朝と一度は対立したが、鎌倉幕府成立とともに、幕府有力御家人として、弓矢の海野氏、鷹匠の祢津氏、駒の望月氏として活躍し、その隆盛は鎌倉時代に至っても続いた。従って、祢津氏の分流、祢津氏系春日氏の活躍とその武勇は鎌倉幕府においてもよく知られる存在であった。

その後のモンゴル（元）の2回に及ぶ日本侵攻（1274年の文永の役と1281年の弘安の役）は幕府御家人の負担が大きく、御家人の衰退をまねき、その結果、鎌倉幕府滅亡の契機となった。鎌倉幕府が倒れ、北条氏が滅亡し、後醍醐天皇により政権が朝廷に戻っていた建武2（1335）年、諏訪頼重と滋野一族は、北条高時の遺児時行を立て、北条氏再興を目指した（中先代の乱）。そして、一時鎌倉を占拠するが、足利尊氏と対立してやぶれ、またこの時、足利方の信濃国守護小笠原貞宗等により望月城も破壊され、諏訪氏、滋野一族は大きな打撃をうけた。しかし、後醍醐天皇の新政権も天皇と足利尊氏との対立が深まり、足利尊氏は室町幕府をつくり、別に光明天皇（北朝）を擁立し、後醍醐天皇（南朝）に抵抗した。南北朝時代の始まりである。後醍醐天皇の南朝方は、楠正成が千早城や赤坂城を山城として築き、反幕府勢力として対抗したことで戦いが始まった。南朝方は、さらに各地に山城を築いた。信濃国では、諏訪氏および、海野氏、祢津氏、望月氏等滋野一族は、反幕府、反尊氏の姿勢を貫き、幕府側と対立した。祢津氏系春日氏も同様であった。しかし、後醍醐天皇の死により南朝方は衰退し、やがて南朝第4代後亀山天皇が、北朝第6代後小松天皇に譲位するかたちで、南北合一され、56年間の両朝並立時代は終わる。そして、南朝方の有力勢力であった滋野一族は南北統一により、反幕府の大義名分を失い、次第に衰退し歴史の表舞台から消えた。なお、大河原峠について、南北朝時代、後醍醐天皇の皇子、宗良親王がこの峠を通る際、伊那の大鹿村の大河原に似ていることから、大河原峠の名がつけられたとの伝承がある。

　祢津氏系春日氏は、中先代の乱で望月城（天神林城）が破壊されるなど、身近に危険が迫るに及び、詰城に小倉城、大小屋城を築き、避難小屋も整備、春日城の防衛強化を図ったと思われる。なお、春日城を知る上で貴重な資料がある。春日堀端区の春日城跡入り口付近に立てられた案内板に「春日城跡　鎌倉時代初期より室町時代にかけての春日氏の城跡。春日氏は望月氏の同族である小県の祢津氏から出ている。保元の乱（引用者注：一一五六）で活躍した祢津神平の子貞観が春日氏の祖となり、貞観の子貞幸は承久の乱（１２２１）の宇治川の戦いで大功を立てて全盛時代をむかえた。永正十三年（１５１５）には望月氏により滅ぼされその後は望月氏系春日氏の居城となった。戦国時代には甲州の武田氏に従った芦田氏（依田）の居城となり天正十年（１５８２）城主依田信蕃は小田原の北条氏の攻撃を受けたが、身をもって逃れ、後に佐久を平定した。望月町教育委員会」と記載されている。

　以上の内容から、築城の正確な時代は不明だが、鎌倉時代に祢津氏系春日氏により、春日城は現在の春日城跡に築城され、領主居館は、現在の康国寺の寺域に建てられたと思われる。そして、現在の春日城および小倉城、大小屋城は春日城主依田信蕃により要塞化された城跡である。なお、穴小屋城の由来として、「あな」には、渓谷としての「洞《ほら》」の意味と、本道に対する裏道の意味がある。洞の意味からの説として、春日城本丸西崖下に多くの岩穴が存在し、戦争になると、婦女子の避難場所とした。その場所を、洞穴の避難場所との意味で、穴小屋と呼び、穴小屋が穴小屋城の由来になったとする説がある。穴小屋については、春日城本丸西崖下には、現在多賀社が祀られている。この周辺は、今でも日陰堂と呼ばれ、多賀社の南隣には、明治維新まで、葛屋根30畳敷き、御嶽講行者の修験道場としての御堂が残っていた。岩穴は、この周辺の崖に点在しており、10人くらいの岩穴3個、5人くらいの岩穴8個、その他12個で約100人の避難場所であったと伝えられている。現在は、一部墓地が造られ、岩穴は大小合わせ十数個程度である。

以上は、穴を洞と解釈する説である。一方、春日穴咋邑と結びつける説として、古代より春日穴咋邑の人々は、敵が侵入した時、鹿曲川を渡った岩穴を避難場所と決め穴小屋とした。ところが、祢津氏がこの地に開発に入り、居館を造り、穴小屋の山上に城を築いた。この城を穴小屋城と呼び、山上を城山と呼んだとする説。しかし、いずれの説が正しいか、その判断は、今後の研究課題としたい。

御鹿の里の守り神「春日、諏訪社合殿」

春日社、諏訪社は、今から約1000年前、春日氏の始祖、祢津貞親により勧請され、この地の鎮守の森の守り神となった。祢津貞親は、この地の地名を春日とし、自ら開発領主として、春日氏を名乗った。さらに、奈良の春日大社の四つの祭神の一つ、天児屋根神を祀り、春日社を勧請した。

春日社は、春日権現または、春日大明神とも呼ばれ、初めは、春日氏、後に中臣鎌足を祖とする氏神で、出世の神と信仰された。祢津貞幸が春日社を勧請したその理由については、この地域が、春日穴咋邑の伝承とあわせ、古代奈良の春日氏との何らかの関係がうかがわれる。一方、諏訪社の祭神については、祢津氏が諏訪の神氏《みわし》一族であり、この地域周辺には、多くの諏訪社が勧請され存在していることは、祢津氏と諏訪大社との関係の深さから容易に理解できる。しかし、春日社については、この周辺地域に春日社が見当たらず、古代奈良との関係以外見つからず特異的存在である。

御鹿の里の由来は、古くよりこの地に春日社があり、奈良の春日大社の御神獣であるところからその名が付いたと子供の頃から教えられてきた。子供の頃、「春日、諏訪社」の境内は、子供達には、安心して遊べる場所であった。また、春祭りや秋祭りには、舞台（神楽殿）で様々な芝居や踊りが見られる楽しみな場所だった。さらに嬉しいことに、普段食べられない御馳走が祭りのときだけ食べられる特別な場所であった。当時はテレビなども無い時代で特別の娯楽もなく、生活も苦しく貧しい時代だった。しかし、境内は子供達で常に溢れ、子供の歓声が絶えることがなかった。大人になった今、当時を振り返れば、お宮は、まさに子供の頃の聖地であると思う。ところが今の境内は、子供の姿や影もなく、時折みられるのはお年寄りのマレットゴルフを楽しむ姿だけとなってしまった。

当初、「春日、諏訪社」は、合殿《ごうでん》ではなかったと考えられる。合殿とは、同じ社殿に二柱以上の神を合祀することを意味し相殿《あいどの》とも呼ぶ。「春日、諏訪社」が合殿になった資料として、『望月町誌　第二巻』282頁に「古くから春日の地に春日氏が春日神社を創建し、春日氏が諏訪社との深い関係をもつようになった事から、相殿に諏訪神社を祀るようになり、神宝に薙《なぎ》鎌《がま》が二品ある。二社の創建は、文安元年（1444）」と記載されている。神宝、薙鎌の由来は、屋根の棟や御柱祭の御柱の上に、鎌を立てることにより風を鎮めようとしたものか、草刈りの道具としての鎌が、諏訪社の信仰に結びついたか明確ではない。しかし、古くより諏訪神社において、信濃国内の末社に鉄製の薙鎌をおくる神事があったと伝えられている。そして、末社では、薙鎌を神宝として祀るようになった。

現在の春日、諏訪社合殿の境内には、明治新政府の宗教政策により多くの神々が合祀されている。まず、用水路に架かる石橋を渡り境内北正面に重厚な社殿が見える。境内は、御鹿の里の鎮守の森に相応しく、樹齢数百年を過ぎた天然記念物とも言える大きな欅や杉の木に覆われ、荘厳な雰囲気がある。境内の石畳は、社殿まで続くが、境内に入り、すぐ左西隅に、春日、諏訪社合殿改築竣工記念碑が建てられている。次に、諏訪社の欅の鳥居、大きな石灯籠、そして、春日社の石の鳥居を過ぎると、社殿に向かい右側に社務所と舞台（神楽殿）がある。

左西側から東に向かい、忠魂碑、稲荷社があり、境内の正面社殿に並び、社殿の左から順に、宝物殿、多賀社が祀られている。社殿は、拝殿、幣殿、一番奥に本殿がある。本殿の中に左に春日社の祭神、天児屋根神、右に諏訪社の祭神、健御名方命《たけみなかたのみこと》が並び合祀されている。現在の氏子は、旧春日郷の高橋、北春、上新、金井、堀端、大西、向反、竹の城、新田、湯沢の10区に三明を加えた11区。例年氏子総代は、4月春季祭（神事と浦安の舞奉納、直合《なおらい》）。7月王滝神社、山の神例祭。9月秋季例祭（神事と浦安の舞奉納、直合）。10月富士山祭、山の神祭（一ノ瀬）。12月末、大祓祭（大掃除、しめ飾り、神事、神符配布）。12月31日（いく年くる年）。1月元始祭（しめ飾りはずし、神事、竃神様、屋敷神様、神符配布）。3月総代会。この他、氏子総代は奉仕事業として秋葉山の秋葉社、高橋金塚の稲荷社、同皇子塚及び塚一カ所、山の神二カ所（細小路川の一ノ瀬、鹿曲川の山の神）等の清掃管理。なお、合殿の春日社の石鳥居は宝暦7（1757）年に建立。諏訪社の欅の鳥居は、明和3（1766）年建立。なお、平成28（2016）年、諏訪社の欅の鳥居の老朽化に伴い新築した。棟梁㈲建友建設竹花秋雄、氏子総代会長大井芳圀。現在長野県神社庁に届けている内容は、「支部名：北佐久支部、宮司名：畠山昌親、神社名：春日・諏訪社合殿、鎮座地：佐久市春日字宮平2812番地、本社祭神名：天児屋根神、健御名方命、例祭日：9月24日、由緒：旧社格郷社・春季祭、例祭——浦安の舞奉納・王滝祭（鹿曲川の水源——石宮）・富士山祭（佐久市前山の境、石宮数基、鳥居・有）。

以上のように、春日、諏訪社合殿は、地域の歴史遺産であり、境内に祀られている神々と共に春日の人々の守り神である。また、子供の頃、この神社での思い出を持つ人々には、「訪ねてみたい思い出の聖地」でもある。

明治新政府の神仏分離令と神社合祀政策

徳川幕府が倒れ、明治維新となり明治新政府が誕生する。そこで明治新政府は、日本を欧米諸国のような近代国家にするため、富国強兵策をとった。そのため、強力な国家統合の必要性から、神道を基幹とする神仏分離策をとり、日本は再び天皇を中心とする神の国となった。大政奉還後に成立した新政府は、慶応4年3月13日（1868年4月5日）、太政官令、通称、神仏分離令を発令、さらに、明治3年1月3日（1870年2月3日）、大教宣布の勅書により神道と仏教との分離を明確にした。そして、新たに神社を等級化する制度、即ち、近代社格制度をとった。この社格制度により各々の神社格、官社、諸社、無格社に分けられ、伊勢神宮は「全ての神社の上にあり、社格のない特別の存在」とされた。官社とは、祈年祭、新嘗祭《にいなめさい》に国から奉幣《ほうへい》を受ける神社である。諸社は、府県社、郷社、村社に分類され各々地方自治体から奉幣を受けた。無格社は全国の神社の半数を占め、やがて明治末期の神社合祀政策、即ち、神社合併策によりその多くが廃社された。神社合併政策の目的は、神社の数を減らすことで国や地方公共団体の財政負担を軽減し、残った神社に経費を集中する事である。この政策の背景には、日露戦争の膨大な戦費負担が国家や地方自治体の財政を圧迫していたこともあげられる。そして、廃社により、神社敷地内の樹木を切り売りすることで、財源を捻出する狙いもあった。ところが、この政策に対し、南方熊楠をはじめ当時の知識人が地域の景観や環境破壊に繋がるとして、強い反対運動をおこした。そのため、急激な合祀は次第に減ってゆくが、多くの神社は廃社となり天然記念物ともいえる御神木は切り倒され、人々の心の拠り所の鎮守の森は、破壊され、地域の景観は、損なわれた。また、明治初期の神仏分離令や社格制度は、本来の目的が仏教排斥を意図したわけではなかったが、しかし、結果として廃仏毀釈運動が全国的に広がり多くの神社は焼かれ、破壊され廃社も生まれた。その結果、貴重な仏閣や仏像等が焼失、破壊され、多くの重要な文化財を失う事になった。康国寺住職宮下成夫氏によると、現在各地にみられる首のない地蔵さんはその時の破壊の跡とのことである。

春日、諏訪社合殿は、この明治新政の方針により、明治6（1873）年4月、春日社の鎮座地、現佐久市春日字宮平2812番地に届け出された。格は、郷社。明治7（1874）年の「神社明細帳」によると、「春日神社（弐外　天児屋根命）摂社　諏訪大神　稲荷大神　太神宮　熊野大神　山の神　富士大神」。摂社とは、本社に縁の深い神を祀る神社の事で、本社の境内にある境内社と境外社とがある。ここで注目されるのは、諏訪大神が摂社と記載され、さらに大正4（1915）年、春日社と諏訪社が合併の上申書を県に提出している事である。

以上の資料から判断すると、合殿として、向かって左に春日社、右に諏訪社の二社が揃い、本殿に祀られるようになったのは、この時点からと思われる。なお、昭和20（１９４５）年8月15日、日本は、太平洋戦争に敗れ、終戦を迎えると、ＧＨＱにより明治以来の神道を基幹とする政策は廃止される。そして、戦後は、神の国から宗教の自由が保障される民主国家に変わり、すべての神社、寺院、教会等は一宗教法人となる。昭和21（１９４６）年2月27日、宗教法人令により、春日、諏訪社合殿も宗教法人の届け出をしている。

諏訪社の神事、直合《なおらい》と鹿人《ろくびと》

直合《なおらい》とは、一般的に神社の神事終了後の宴会と思われがちだが、直合本来の意味は、神事の最後に、神事に参加したもの一同で神酒を頂き、神饌（神へのお供え物）を食する事であり、神事を構成する行事の一つである。神霊が召し上がったものを頂くことで、神霊との結びつきを強くし、神霊の力を分けてもらい、その加護を願うものである。直合は、どの祭式、祭祀でも必ず行うものとして、神社本庁が「神社礼式」で具体的な参拝の作法まで定めている。一般的には、季節の野菜、魚介類などが神饌として供せられ、それらを料理したものが多い。神社によっては、直合の料理は、郷土料理と同一の場合もある。しかし、諏訪社の神事は、一般とは異なり、神と同時に飲み、かつ食べるもので、神事のうち、もてなしの膳が重要な位置を占める。その神饌の料理人の「職」を「鹿人《ろくびと》」と言い、金井氏が世襲していた。その料理の内容については、野禽野獣調理の故実や秘伝が鹿人家のみに伝えられてきた。現代風に言えば、金井家直伝の「秘伝のジビエ料理」と言える。残念な事に、明治４（１８７１）年、鹿人職は廃職となり、その料理内容も秘伝のため、その後、神事から消えてしまった。そのため、現在では、この料理内容は、時間の経過とともに人々の記憶からも忘れ去られている。しかし、幸いなことに、この料理の内容は、大正から昭和にかけ政治家、郷土史家として活躍した伊藤富雄氏により、研究され残されていた。伊藤富雄氏は、戦後最初の長野県知事林虎雄氏の副知事を務めた人物である。伊藤富雄氏は、諏訪神社の研究書『諏訪上社と金井社の話』の中で、その料理内容を著している。その一部が、『望月町誌　第三巻』６２１頁に記載されている。

「もてなし膳の料理の一例として、焼鹿《やきしし》、兎き煎《いる》、生鹿《なましし》、なま兎、脳和《のうあい》、酢煎《すいり》、きり兎、やき魚《いお》、さしみ、五臓、鰹魚《かとういお》、山葵《ねぶか》、人参、なので、脳和《のうあい》等は、鹿の脳をとりだし、かみに包んでしばらく熱湯に浸し、それで、別にゆでておいた鹿肉をあえるという料理法である。五臓は、鹿の臓器を食するよう料理するものである。したがって、もてなし膳を用意するためには、専門的な料理人が必要で、この料理人の権限を鹿人職とよんだ。」

現在、日本各地の中山間地域の農地は、野生動物の食害に悩まされており、御鹿の里も例外ではない。今農家は、田や畑の周囲に柵を設け、ネットを張り、野生動物から作物を守ろうとしている。まるで１０００年前にタイムスリップしたような情景である。しかし、１０００年前の開拓者は、野生動物の棲み家であった荒地を農地に変え、集落を築いた。そして、農地を柵で囲い、作物を野性動物から守った。さらに、野生動物を追い狩り捕らえ、山野の山菜と合わせ、自らの食材にした。しかし、熊や山犬（オオカミ）等大型動物は、人や家畜を狙い逆襲し、女、子供は、しばしば被害を受けた。その後江戸時代に入り、鉄砲が庶民の間でも狩猟や農作物を荒らす鳥獣駆除のためや、山犬（オオカミ）等からの自衛のための用心鉄砲として普及し定着していった。江戸幕府は、武器としての鉄砲使用を厳しく禁止したが、用心鉄砲等届出許可制として、鉄砲役（税）を鹿皮または、金銭として課税した。そして、野生動物と人間との戦いについては、野生動物が人間を天敵と認識したことで、ついに、野生動物が近寄らない子供でも安全な里山が出来た。特に明治初期には、山犬（オオカミ）が絶滅してから、里山は以前より安全となった。そして、野生動物と人間との棲み分けの起点に山の神が祀られた。そして、明治時代以降、童謡『ふるさと』の歌詞「兎追いしかの山云々……」のように、子供の頃の思い出の場所として、ふるさとの里山は、故郷を離れた人々の思い出の聖地になった。しかし、今は、里山は安全地帯ではなく、山際の耕作地は放棄され荒れ放題で、いつの間にか、野生動物の生息地に変わりつつある。今や、野生動物には、人間が以前のような天敵であるとの意識はなく、恐れることなく人間が築いた柵やネットを破り、作物を食べに侵入してくる。そして、鹿をはじめ多くの野生動物が、人間以外の天敵、山犬（オオカミ）が絶滅したこと、人間が作る新たな食糧を得て大繁殖し、さらに新たに外来種のハクビシンも加わり、人間を威嚇し、時には襲ってくる。頼みとする猟友会も高齢化して、十分な対抗策がないのが現状である。今や、野生動物と人間との棲み分けはなくなり、人間が野生動物に追い詰められている。このままでは、日本の山間地の農業や生活も暮らしも成り立たない。そのため、若者の多くは、先祖伝来の土地を捨て、都市部へ移転していく。残された老人は、自立もできず、地域の絆も頼めず、行政頼みとなり集落の維持も困難になってきている。いま、地方、特に中山間地の自然環境や防災機能も弱体化し崩壊の兆しがある。一方、東京を中心とする都市部が異常に肥大している。しかし、天災地変の多い日本には、都市にも地方の田舎にも逃げ場がない。そこで、悪夢から生き残りを賭け、あらためて、令和の夢をみた。佐久地区は、比較的地盤が安定していて、地震に強い。戦時中疎開した記憶をもとに、現状のわが家を、子供や孫のための震災時の避難場所として、燃料、電気、水道等、自給自足の体勢を整備する。行政も首都圏等の災害避難地域の指定を考慮する。当面の生活の糧として、諏訪神社の神事、直合のもてなし膳の料理内容を提供する事である。そこで、伊藤富雄氏の諏訪神社の研究書『諏訪上社と金井社の話』を参考に、増えすぎた鹿を食材に、新たなジビエ料理を開発する。従来の、諏訪神社のもてなし膳に加え、各々の地域の郷土料理や伝承の料理も研究対象とする。そして、食材に鹿を中心とする野生動物と、わらび、ぜんまい等山菜に地産地消の野菜を加え、新たな郷土料理を開発する。新たに開発された郷土料理は、従来の郷土料理と組み合わせ、その地域に合わせた特産として、訪れた人々に提供する。そのことにより新たな「食の聖地」を産み出したい。幸いなことに、放棄された、山際の畑にわらび、ふき等が目についた。どうやら、鹿をはじめ野生動物の多くは、アクの強い、わらび、ぜんまい、こごみ、ふき等好んでは食べない。多分、人間の作った野菜や果実の美味しい味を覚え、山菜には魅力が無くなったと思われる。従って、山菜は、野生動物と共存可能な食材である。

祢津氏系春日氏の宝の山、牧場と巣鷹山

祢津氏系春日氏は、まず春日本郷とその周辺の開発整備が終わると、さらに新たな開発地として、東久保の細小路川流域と西久保の鹿曲川流域の二つの沢の開発に着手した。川沿いは比較的平坦であるものの洪水と氾濫による荒地であったが、標高８００m以下の地域では水田開発は可能であった。また、上流域の寒冷地でも、粟、小豆、麦、大豆、稗等の雑穀類の収穫は望めた。さらに、麻の栽培により、それを紡ぎ布に織り、その布を租税の一部として献納できた。しかも、蓼科山北麓の高原地帯は、馬の放牧に適していた。この地域の牧場は、当初、有力豪族の私有牧から始まり、やがて律令制度の施行とともに国の管理が整備され、勅旨牧に移行していった。この望月地域は、信濃16牧の勅旨牧の中で最大の牧と言われた望月牧があった場所である。そして、国牧の別当（管理者）は、大和王権の有力豪族大伴氏であった。大伴氏は、古代大和王権の春日氏、物部氏、蘇我氏と並ぶ有力豪族で、その祖は、神武東征に活躍し大功を立てた、大和朝廷の近衛兵的存在である。佐久市望月の大伴神社の由来に、「祭神として、大伴氏の始祖、天忍日命《あめのおしひのみこと》が馬に乗って来られこの地に鎮座した。そして、乗ってきた馬

を種馬として、駒の改良、繁殖を図り、多数の馬を産する地となり、信濃国最大の牧に発展した。」と記載されている。大伴神社の由来は、この地が、大伴氏の私有牧から始まったことを示唆している。日本では、古代の在来馬は、小型馬であった。大陸系の大型馬に関する最古の文献資料は、5世紀前半、応神天皇の時、百済王が、良馬2頭を天皇に献上したとの記録がある。また、勅旨牧が出来た当初の大型馬の価値は、普通の馬1頭で布43反、良馬ならその2倍の価格で取引された。この地の牧場に関する出土品としては、6世紀から7世紀にかけての古墳から発見された馬具の副葬品がある。このことから、望月地域の牧場の歴史は、古東山道を往還する大和王権の東征夷軍の王族および有力豪族の私有牧から始まった。その豪族に、大伴氏、春日氏もいて、春日穴咋邑は、春日氏の開拓村ではなかったか、そんな可能性もある。また、同時に多くの渡来人がやって来て、牧場の管理、馬の飼育を担った。当時、渡来人は様々な先進技術や知識を持ったハイテク集団であった。しかし、やがて、勅旨牧も、律令制の崩壊が進むに従い、私有化（荘園化）されていった。その結果、荘園領主は、馬の飼育による膨大の利益を得ることが出来た。そして、その利益により、地方豪族の武装集団化が進み、武士の台頭と武士政権誕生へと歴史が進んでゆく事になる。東信濃、滋野一族の海野氏、祢津氏、望月氏とその分流、春日氏、根々井氏等例外ではなかった。滋野一族が平安末期から鎌倉時代、室町時代初期にかけ、歴史の表舞台で活躍できたのは、牧場（私有牧）からの馬の飼育による膨大な利益が一族の団結を促し、強力な武装集団化が図られたことによると考えられる。

　祢津氏系春日氏も、この時期、蓼科山北麓一帯の高原地帯に、私有牧を広げ、膨大な利益を得た。いまでも、馬に関する地名として、駒込久保、蹄《わな》が沢《さわ》等の名で残っている。なお、蓼科山北麓一帯の野山に今でも多くのレンゲツツジの群生地が残っている。いずれも、牧場の跡である。当時の放牧は馬であり、馬は、レンゲツツジやスズランは決して食べず、安全な草木のみ食べる。その結果、放牧が林内間伐の役目を果たし、レンゲツツジのみ残り群生地となった。レンゲツツジの群生地は古代からの牧場跡で、林内放牧による環境史跡ともいえる。しかし、戦後の高度成長期の開発により、多くのその群生地の跡地はゴルフ場に変わっている。

　一方、祢津氏系春日氏には、もう一つの知られざる宝の山があった。巣鷹山である。祢津氏と言えば、鷹匠で有名で、祢津氏流と称し、諏訪大社の贄鷹《にえたか》の神事に奉仕していた。贄鷹の神事とは、鷹が捕らえた獲物を神に供える祭りのことである。祢津氏は、鷹狩りのための鷹の雛を育て調教する鷹匠で、古来より鷹狩りは、皇族、貴族の権威の象徴であったから、祢津氏の名は、祢津流として朝廷でも知られていた。一方、祢津氏系春日氏は、蓼科山北麓に、鷹狩りのための鷹の雛を捕らえる巣場を抜井巣場、麦草巣場、大日向巣場等各所に設けていた。春日嶽は、以前には、巣鷹山と呼ばれていた。巣鷹山を領有する祢津氏系春日氏は、捕らえた鷹の雛を調教し、一部は諏訪大社に献上し、一部は、馬と同様交易に利用したと思われる。そして、馬の飼育と鷹の雛の捕獲管理は、祢津氏系春日氏の重要な財源であると同時に、その交易を通じ、様々な恩恵をもたらしたと考えられる。祢津氏系春日氏が諏訪社の神氏《みわし》として、神使御頭《こうとのおとう》を務めているが、この役職に就くには、相当の出費が必要である。また伴野氏系春日氏も諏訪社の御射山頭役を務めており、春日郷が祢津氏系と伴野氏系の２系統に分割領有されながら、両系統がいずれも諏訪社の役職を務められたのは、家の格式が高かったというだけでなく、財政が豊かであった証しである。なお、江戸時代に入ると、鷹狩りは、将軍家、大名家の格式を示す行事となった。そのため、幕府や領主が鷹の営巣する森林を留山として百姓の入山伐木を禁じ、巣鷹山を御巣鷹山として指定し、山見兼帯で見回り役人を置いて監視した。そして、山見を兼ねた番人が、春の営巣の頃見回り、雛がかえると適当な時期をみて巣おろしをした。佐久地方には、鷹の生息地が多く、いまでも巣おろしの記録が各地に残されている。佐久市春日上新、故竹花徹雄氏所蔵文書、「知行割復元願」の文中（慶安４〈１６５１〉年）、同、「春日村五人組帳」（天明２〈１７８２〉年）、同、「春日村明細書」（天保９〈１８３８〉年）に御巣鷹山巣おろしの記載資料が残されている。

　さらに、佐久市布施抜井には、「江戸時代、幕府は、鷹狩りのため、良い鷹を得るため、鷹の巣を保護した。この地も、本鷹が巣をかけたところなどで、幕府は特別に保護し、手当もあった」との言い伝えが残っている。

望月と甲賀、両者を結ぶ古東山道と甲賀三郎伝説

信濃の民話に、佐久地方に伝わる「甲賀三郎伝説」がある。三郎が美しい春日姫と結婚したことで、二人の兄に妬まれ、蓼科山の大きな穴に騙され落ち、地底をさまよい、再び地底から地上に戻った甲賀三郎は、真楽寺（御代田町）の大沼池に龍となり姿を現した。そして、龍となった甲賀三郎が、妻春日姫を捜すと、蓼科山の向こうの湖から、甲賀三郎を捜す龍になった春日姫の声が聞こえた。甲賀三郎が蓼科山に手をかけると、龍の尾は、貞祥寺（佐久市前山）の松に垂れていた。そして、龍になった甲賀三郎と春日姫は、諏訪の湖で再会したとの伝説である。甲賀三郎は、別名望月三郎とも言われている。春日姫は、春日氏の姫で、同じ滋野一族祢津氏からの分流で、滋野一族御三家の一つ望月氏とは、同族である。両氏は、蓼科山北麓、山伏たちの修験場、王滝を源流とする鹿曲川流域に住む、隣同士である。そして、甲賀三郎がたどった道筋は、蓼科山を中心にした諏訪と佐久を結ぶ古道にも思える。また、諏訪上社と縁の深い春日氏の姫と望月氏が縁で結ばれ、望月氏が諏訪社との関係を深めた物語にも思える。

一方、不思議なことに、近江国甲賀郡にも、「甲賀三郎伝説」がある。前者は、諏訪明神の

縁起物語である。後者は、近江国の大岡寺の観音堂縁起の物語である。しかし、佐久と甲賀、両者を結ぶ甲賀三郎伝説は、実は、信濃望月氏と甲賀望月氏との古い歴史的つながりから生まれてきている。信濃国望月氏は、平将門《たいらのまさかど》による、承平、天慶の乱（９３５～９４０年）で武功を立て、望月三郎兼家が恩賞として甲賀国主となり16カ村を賜った事が縁となる。その後、その子孫が戦国時代「伊賀の服部」「甲賀の望月」と呼ばれた甲賀忍者53家の筆頭格に数えられた甲賀望月氏である。いわば現在の佐久市望月は、甲賀望月氏の発祥の里である。また、望月地方と甲賀地方とは古くより貢馬の関係でも深いつながりがある。初期の頃は、本牧（望月）を中心に、御牧ヶ原、北御牧（東御市）、南御牧（浅科）等から産出した馬を、後年となり、信濃国の他の牧場で産出した馬と共に、朝廷の貢馬として都に送った。その途中、長旅で疲れた馬を、近江国甲賀の「飼育牧」で休養させ調教し体調を整えた上で、朝廷に貢馬するのが恒例の行事であった。今でも、甲賀市に「飼育牧跡」が残されている。このような縁で旧望月町は、佐久市との合併前は、旧甲南町（甲賀市甲南）と姉妹交流をしていた。旧望月町吉川徹町長時代、甲南町から交流の一つとして、望月町にきて、甲南地方に伝承されてきた、「甲賀三郎伝説」をミュージカルにして、舞台公演をした。また、望月町、望月町議会も表敬訪問し、また民間交流として、青少年剣道の総合交流など、両者の関係を深めていった。しかし、佐久市との合併後は、相互の姉妹交流は少なくなってしまった。できれば、甲賀三郎伝説と望月の牧と甲南の飼育牧の縁を大切にし、佐久市と甲賀市が再び活発な、姉妹交流をしてほしい。交流が活発になれば、望月城跡にイルミネーションで望月城と「甲賀忍者、甲賀望月氏の発祥の里」を描きたい。そして、甲賀三郎伝説から、甲賀三郎と春日姫、真田十勇士から望月六郎、望月の駒の伝承から月毛の駒と望月姫、甲斐信濃巫女頭の望月千代女《もちづきちよめ》等の人形をつくり、その伝承とあわせれば新たな観光資源の創成になると思う。なお、望月千代女について、実在の人物かどうか不明だが、伝えられている内容は、夫が川中島の戦いで討ち死にしたため、武田信玄の要請をうけ、「甲斐、信濃巫女頭」となり、「歩き巫女」の養成のため小県郡祢津村に「甲斐、信濃巫女道」の修練場を開いた。そして戦場で両親を失った孤児の中から美しい女の子を集め、自らの手で育てた。修練を終えた巫女達は、「ののう」と呼ばれ、忍びの術、護身術のほか踊りや手芸など、当代一流の教養人に負けず劣らぬ知識を習得し、全国へと送りだされたという。そして、巫女達により集められた情報を、武田信玄は戦の戦略に利用したと伝えられている。一般的に、甲賀忍者に女忍者はいないと伝えられている。もしこのことが事実なら、武田信玄が、あえて望月千代女に巫女頭を要請したのは、甲賀忍者の棟梁の娘と見込んでのことであろう。なお、旧望月町の民家で、忍者が使用したと伝えられる武器や道具がいまだ保存されているとのことである。戦国武将はよく山伏を情報収集に用いている。なかでも、滋野一族と分流は修験者を情報収集の中心とした。特に真田氏には、横谷左近、出浦対馬守を棟梁とする情報組織があった。滋野一族御三家の一つ望月氏にも、修験者を中心とする秀でた忍者がいたと言われている。創作上の物語、『真田十勇士』の一人、望月六郎は、甲賀忍者に共通する火薬、爆薬の火術に秀でた忍者とし、大坂夏の陣では、幸村の側近として、活躍する姿が描かれていて、実在のモデルがいたとも言われている。甲賀忍者は、忍術の流派の中でも火薬や薬の扱いに長け、自ら火薬や薬を創る知識のある当時のハイテク集団であった。当時の火薬は、原料として、硝石、硫黄、炭を混ぜた黒色火薬であり、日本に正式に火薬が伝えられたのは、1543年、種子島にポルトガル人が漂着し、火縄銃が伝来してからである。しかし、一部ではあるが、それ以前に、朝鮮半島を経て、中国大陸から、火薬の製造法と火薬製造に欠かせない、硝石の製造法の知識が伝えられていた。当時の硝石の製造法は、動物の糞尿を原料とした。当時、本願寺門徒は、ヨモギの根に馬の尿をかけ一定の温度で保存すると、ヨモギの球根の細菌により、硝酸が生成されることから硝石を作成した。この製法は、当時厳重な軍事機密で一般には広がる事はなかった。織田信長を苦しめた、本願寺門徒の鉄砲は、この製法による、安価で大量の硝石により支えられていた。しかし、甲賀武士団も、早くから合戦に火薬を使用しており、鉄砲伝来以前から、すでに朝鮮半島からこの製法が伝えられていた可能性がある。また、薬については歴史が古く、滋賀の伊吹山は薬草の産地で、昔から薬草の種類も多く豊富で、薬草栽培に適した自然環境にある。そのため、家庭での薬草栽培も盛んで、代々秘伝の家伝薬も多く創薬された。甲賀市大原家には、甲賀忍者の極意書、『万川集海《ばんせんしゅうかい》22巻』があるとのことである。忍者たちが薬草を育て、独自で加工した様々な創薬が記されていて、普段は農業や自前の薬を家伝の秘薬として作り、指令が下ると山伏姿や行商姿の薬売りとして各地の情報を探ったと思われる。忍薬としては、飢渇丸、水渇丸、敵を眠らす薬、眠気を覚ます薬、敵を痴呆状態にする薬のほか、さまざまな救急薬も工夫されている。また、『甲賀市史 第六巻』に「甲賀のくすり」と題し、薬と望月家の内容が記載されている。要約すると、「甲賀市甲南町の甲賀望月氏は、伊勢の朝熊明王院の祈禱札を持って全国に朝熊信仰を広める際、山伏姿に身を変え『朝熊の万金丹』などの薬を配布して歩いた」との記録が残っている。そして、近江甲賀の薬売りは、越中富山の薬売りとともに歴史が古く、甲賀忍者の里は、創薬の里であり、薬売り発祥の地の一つである。今でも甲賀地方には製薬メーカーが多く、特産の伊吹モグサや近江兄弟社のメンタームは現代でもその名がよく知られている。一方、信濃国、蓼科山北麓一帯は薬草の宝庫であり、薬草を使用しての民間療法も伝えられている。さらに、今でも一部農家では高麗人参、芍薬、大黄、センブリ等の薬草栽培もされている。また、この地域の人々の中に、つい最近まで、自ら火薬をつくり、地ハチの巣を取る人がいた。甲賀忍者より伝来の火薬つくりの秘法かどうかは不明で、残念ながら甲賀忍者との交流をしめす資料も、なにも発見されていない。

戦国時代と要塞化した春日城

祢津氏系春日氏に築城された春日城は、当初は、単なる一時的避難小屋にすぎなかったと思われる。しかし、東信濃一円に威勢を誇った滋野一族は、鎌倉幕府滅亡と、その再興を目指した中先代の乱で、足利尊氏に敗れ、望月城は破壊され、その威勢は失われた。その後、後醍醐天皇と足利尊氏が対立、室町幕府が生まれ、南北朝時代に入る。滋野一族は、信濃国では、諏訪氏とともに、南朝方の主力軍として活躍、しかし、後醍醐天皇の死により、南朝方は衰退、やがて南北統一により、滋野一族は時流に見放され、衰退した。祢津氏系春日氏も、滋野一族の分流として行動を共にするが、中先代の乱の後、春日郷の一部が分割され伴野庄となり、二つの春日郷が誕生し、その威勢は失われた。さらに、南北朝時代には、南朝方として、春日城の防衛強化のために山城として、小倉城、大小屋城を築城して、後醍醐天皇の皇子、宗良親王を立て戦うが、利あらずして、以前の威勢の回復には至らなかった。そして、応仁元（1467）年、室町幕府内で起こった畠山氏と斯波氏の家督争いに、将軍後継争いも加わり、山名氏と細川氏の対立から西軍と東軍に分かれ戦争になり、京の都は、灰塵となった。そして、戦乱は、応仁の乱と呼ばれ、たちまち燎原の火のごとく日本全国に広がっていった。戦国時代の始まりである。戦乱は、信濃国にも飛び火した。佐久郡でも同族の大井氏と伴野氏が戦い、敗れた大井氏は、威勢を失い、この間の隙をとらえ、望月氏は、勢力を回復していった。そして、永正13（1515）年、望月氏は、同族である祢津氏系春日氏の居城を攻め滅ぼし、後に春日氏を名乗り、春日城主となった。望月氏系春日氏の誕生である。望月氏系春日氏もさらなる春日城の防衛強化を図った。しかし、佐久郡の分立割拠の状況は、甲斐の武田氏、坂城の村上氏の度重なる侵攻を許し、次第に威勢を失い弱体化していった。天文18（1549）年、武田信玄は、佐久郡から村上氏の勢力を一掃すべく佐久に侵攻した。そして、春日城も武田軍の攻撃を受け徹底的に破壊され落城、望月氏系春日氏は滅んだ。その後、破壊された春日城は、武田信玄の武将の一人、芦田信守（現北佐久郡立科町・芦田城主）により修築再強化され再興された。そして、芦田信守は、芦田城より堅城の春日城に拠点を移し、元の依田氏に戻し春日城主になった。しかし、芦田氏改め依田氏を名乗った依田信守と子信蕃親子は、武田氏に従い、各地を転戦し、殆ど自領春日城に帰ることはなかった。しかし、依田氏の活躍は、武田信玄に認められ、依田信蕃は、二俣城の城将となった。その間に、依田信蕃は父信守を失うが、その戦いぶりが敵方の織田信長、徳川家康からも、武将としての高い評価を受けた。そして、武田氏の命運が衰退に向かう中、依田信蕃は、自らは戦地にあって、春日城を中心に自領の要塞化をすすめたと思われる。まず、春日城の構成をみると、春日城を主城とし、城から南、蓼科山山麓に詰城として小倉城と避難小屋としての穴小屋、大小屋城（別名、押し出し城）と避難小屋としての三沢小屋が一体となっている。しかも個々独立した山城で、地理、地形を活かし、鹿曲川、細小路川を天然の外堀にし、天然の要害である山上の地に山城を築き、単独でも籠城できるようにした。従って、主城春日城が一時落城しても、詰城の小倉城、大小屋城に撤退し、戦いを継続でき、容易には攻め滅ぼされないよう配慮されている。さらに、春日城の攻め口となる春日城北面、高呂城跡に砦と望楼（見張り台）を置いた。そして、鹿曲川を挟み春日城の北面の高台に向反砦を築き、地元で火打ち山と呼ばれる東側の栃の久保に砦と狼煙台を築いた。そして、北側の備えに、鹿曲川を主城の外堀とし、春日城の守りは、各々尾根に曲輪や堀切をつくり、城主居館も二重の堀にし、外堀と内堀の間は、高い土塁を築き平城とし、主城の春日城と領主居館を一体化した。そして、東側からの攻撃に備え細小路川を外堀にし、川沿いの荒れた湿地を水田に開拓。平時は食糧の増産を図り、有事には湿田にして、防衛線の一つにした。また、依田信蕃は、詰城の将兵や家族が定住し暮らせるよう、春日城より、細小路川沿い南1㎞の場所に新町をつくった。そこでこの地域の統治のために、春日氏時代より住んでいる人々の鎮守の森であり守り神の「根神社」を安堵し引き続き、鎮守の森であり、守り神とした。

春日城の詰城、小倉城、大小屋城（三沢小屋）

春日城の詰城（支城）の貴重な資料として、佐久市春日上新、故伊藤祐俊氏所蔵の「小倉城趾諸窟之図」及び「大小屋城、一名、押し出し城」の絵図と添え書きが残されている。絵図には、「祐雄」の印があることから、明治から大正にかけ地域の考古学の先駆者として、郷土史家として活躍した、『春日温故記』の著者、伊藤祐雄氏により描かれたと思われる。小倉城趾諸窟之図の添え書きでは、小倉城跡について、「岩下組より午の方（南方）、一里十丁、小倉沢北ノ山上にあり、山脈《やまなみ》蓼科嶽より連なり、此所に至り一層高く、北に細小路川を繞《めぐ》らし、険《けん》峻《しゅん》歩《あゆみ》を進めかたし。一平地の中間を、堀を三方塁の如く。東一方に開けて東西二十間、南北十間、巨石若干あり、皆軍用に充てるなり、一の切石長九尺、幅五尺、高三尺、西は土に埋まる。何用たるを不知《しらず》、一段低き平坦の所あり、即ち二の郭なり、東は嶺上狭迫歩しかたし、三丁にして南北五間或は十間、数段あり、皆兵を置くへし、城より十丁にして山尾盡く、東南を臨めは佐久一郡一瞬上にあり、城用の水は小倉の沢中よりす谷にはいり五丁、平地三所あり、蔵屋敷と称す残礎あり、此所粮米を置へし。是則地、天正十年依田信蕃遠州に潜伏し、妻子従属を隠し後、北条氏直と大に戦出没して敵を退けし所なり。勝負沢の字も該時の戦地なり、小倉は小谷《こくら》にて一小谷の称ならん。」と記載されている。そして、絵図には、茨小屋窟、産の窟、小倉窟の各々の位置が記載され、各々の添え書きが記載されている。また、地元の望月町郷土を学ぶ会資料「依田信蕃と春日の史跡」によると、「小倉城について……細小路川の上流字ばら小屋あり、蓼科山系尾根から突き出した比較的警固の要害、春日氏健在当時一族の岩下氏在城したが、春日氏滅亡後、岩下氏は信蕃に降り、重臣として仕えている。一時信蕃もここに拠ろうとしたのか、城跡に手を加えた形跡がある。しかし、付近に家族を隠す穴小屋があるので、ここを避けた。」と記載されているが、出典の記載がないのが残念である。

次に、小倉城の「穴小屋」についてだが、これは小倉城の近くにあって、信蕃家族が避難した隠れ場所である。一説には、春日城が穴小屋城と呼ばれたのは、小倉城の穴小屋に由来したと言われている。望月町郷土を学ぶ会研究資料「依田信蕃と春日の史跡」によると、小倉城の穴小屋について、「表面からみれば一見きわめて浅く低い穴で人間が隠れているとは思わない。大小二つの穴があり、大きな方は、体を半身ほど入れると左に穴があり、後ずさり出来なければ入れず、二メートル進むと一メートルぐらいの段差があり、中の広さは八畳ほどあり。明らかに人工的なもので、表面左手の小穴が明り取りとして作られている。兜鎧を身に付けてはとても入れない。」と記載されている。

大小屋城について、その城跡は、蓼科山の支脈の尾根、鹿曲川と細小路川との間の地字大萱とする言い伝えがある。現在、この付近は、東電の鉄塔のある場所で原形が変わっている。しかし、立地、地形から、この地に山城があっても不思議ではない。実際に周辺を調査すると、堀切、塁と思える跡があり、大きな石が散在し煙台の跡とも思える場所もある。しかし、伊藤祐雄氏の描いた、絵図と添え書きとは異なる。大小屋城跡の絵図には、一の城、二の城が尾根筋に記載され、一の城の麓の中腹に窟が示されている。その添え書きに、「大小屋城跡、一名押し出し城、春日組より午の方（南方）三里、蓼科山麓三沢山下の山上の一平地にして、東西二丁南北一丁、塁堀切あり、山腰に一大窟あり、方三間中に湧泉二所あり。その他窟多し。天正中依田信蕃北条氏直の大兵と戦ひ出没して敵を討ひなり。按に三沢の名は本村に諏方上下社ありて御射山を三沢山と書くのは、諏方文書に多く見え、此辺草野中より矢の根を出たす。」と記載され、この添え書きと同文が、『長野県町村誌』の春日村の項に記載されているとのことである。三沢小屋について、『依田記』によると、「春日山奥、三沢小屋と申す所へ、（信蕃）籠り居られ候。」と記されており、その存在は明らかである。しかし、現在どこに三沢小屋があったのか、諸説あり、いまだ不明である。その手掛かりの一つに、佐久市春日上新、故竹花徹雄氏所蔵の寛政年間（１７８９年頃）の「春日村絵図」がある。現在この絵図の所在は、確認されていない。しかし、この原図をもとに写した地図が、平成元（１９８９）年5月30日、望月町教育員会発行、望月町春日古文書学習会編集の『春日の歴史1』に原図の説明書と合わせ添付され、春日各戸に配布されている。原図は、絵図で、山には緑の木が、神社は社の絵が描かれ、田畑、道川堰、馬飼場等は、それぞれ色で塗り分けられ、一目瞭然となっている。この原図を写し描いたのは、佐久市春日入新町、武田衛氏で、本人の証言からも原図が存在していたことが判明した。そして、この原図の三沢横手の字名添書きに「此上白岩ヲ殿《との》小屋と云う」と記載がある。三沢の地名は、大河原峠に近く、春日渓谷の詰、即ち、鹿曲川の源流付近の沢の詰めが、鹿角沢《かのかどさわ》、おおたるみ、三沢横手、と三つに分かれていることからの命名であり、原図に三沢小屋の所在が記入されている可能性もある。また、望月町郷土を学ぶ会の資料に、「寛政年間春日村絵図（竹花徹雄氏所蔵）の三沢横手に、この上白岩を殿小屋と云う、と記され、三沢小屋の上に信蕃の居城があったと考えられ、大小屋城は、一名押し出し城とも言われ、蓼科山尾根のトキンの岩の岩尾根から三沢横手へ、支脈の押し出した辺りにあり、信蕃は立て籠もろうとしたが、大軍の攻撃を防ぎきれないので、下の穴三沢小屋に移したものであろう。」と記載し、さらに三沢小屋については、「湯沢の上、渓谷の詰めの鹿角沢に滝不動があり、その下に三沢横手という地名がある。ここに三間四方の穴があり、この沢は、巨岩、巨石で埋め尽くされ、外からこの穴の所在はわからない。信蕃は一山越した八丁地渓谷を北条五万の大軍が切れることなく、諏訪に向かい進んでいるのを、小荷駄隊のみ狙い襲撃を繰り返し、補給路を脅かしたので、氏直自身が指揮し攻めたが、重装備の兵が岩にしがみつきながら進むのを、地の理に明るい依田軍は軽装で熟知した地形を走り回り、次々と北条軍を狙撃した。そこで氏直は諦めて軍を退いている。」。以上の資料を基に現地調査を実施した結果、大小屋城は、林道夢の平線のトキンの岩と大河原峠の間、鹿曲川源流付近の春日渓谷の北側の尾根の平坦の地があり、絵図に描かれた、一の城、二の城と思しき場所がある。さらに二の城から下ると、尾根の稜線上の1カ所には、人工的と思える石積みがある。この尾根の登り口は、春日渓谷沿いの鹿曲川林道の滝入り口付近西側にある。そして、この尾根に沿う北側の小さな沢から湧水が流れている。三沢小屋の窟は、この湧水の源水地と推定されるが、絵図には方向の記載がない。そのために、窟は逆の南側の春日渓谷方とも言える。いずれにしても、現地は、素人には危険な場所で、この窟の探索は、山岳登山に慣れた上級者の協力がなければ困難である。窟の発見は、今後の調査によるが、結論としては、大小屋城は、この場所であり、殿小屋ともまた、地名から三沢小屋とも呼ばれた。そして、一の城の中腹の窟は、大小屋城の避難小屋と思われるが、大小屋城と同様、地名から三沢小屋とも呼ばれたと推定される。なお、大小屋城の築城主と年代については、南北時代、祢津氏系春日氏により築城された可能性が高い。当時は諏訪氏と滋野一族とその分流は南朝方にあり、大河原峠が後醍醐天皇の皇子の命名に拠るとの伝承もある。さらに、大河原峠は諏訪と佐久平を結ぶ起点であると同時に春日郷に至る道でもある。地理的条件としては、大河原峠の近くに築城していながら、敵からは、発見しにくい隠し砦のような山城である。大小屋城の立地の特長は、敵から攻撃されずに済み、水源が近くにあり、身を隠せる避難小屋としての窟があること。春日渓谷を外堀にし、渓谷上の山上に築城しており、攻め口が限定される。その上、春日渓谷は、狭く険しく、守りやすく攻めにくい。寡兵でも十分大軍と戦える守りの要として戦略的効果がある。さらに、敵に発見されることなく出撃できる拠点の場所として、また、兵糧、武器弾薬の備蓄と補給基地として最適の場所である、春日嶽を一つこえた添え久保がある。添え久保の標高約１７００m付近に砦の跡と思える場所がある。近くに伏流水もあり、春日嶽とトキンの岩の尾根に挟まれた平坦な地であるが周囲は山に囲まれ、発見されにくい場所にあり、たとえ発見されても寡兵でも十分単独で籠城できる構造である。大小屋城に近く、三沢小屋や春日嶽周辺に伏兵として籠もる将兵を短時間で集結できる絶好の立地条件にある。依田信蕃は、守りの要の春日渓谷と出撃拠点の添え久保と攻防二つの拠点を持つことで、三カ月にわたる、北条軍との攻防戦を戦い抜いたのではないかと思う。

戦国佐久の英雄、春日城主依田信蕃

太平洋戦争が終わり、世の中が少し落ち着きを取り戻しつつあった昭和20年代終わりころ、小学校5年生のある日、屋外授業で秋葉山に登り、担任の先生から、戦国の昔小田原の北条氏が三万の大軍で攻めてきたと教えられた。しかし、当時は、小田原からなぜこんな遠い春日に、汽車もない時代に歩いて攻めてきたのかと不思議でたまらなかった。戦後、私の家族は太平洋戦争の戦禍をさけ、安全な地として、父の故郷、祖父、祖母の眠るこの地に川崎から疎開してきた。そして、この地が戦争のない安全な地であることを信じていた。それだけに、この地、春日村が戦国時代、戦場であったことは思いもよらなかった。春日村が戦国時代、戦乱の渦に巻き込まれ戦場になったのは、戦国末期の永正13（1515）年、望月氏により祢津氏系春日氏が滅ぼされたのが始まりである。そして、天文18（1549）年、武田信玄の佐久侵攻と春日城攻撃で落城、望月氏系春日氏も、滅びる。その後、略奪放火、破壊された春日城は芦田城主芦田信守（北佐久郡立科町芦田）により再興される。そして、芦田信守は、芦田城から堅城の春日城に移り春日城主となり、春日城は信守、子信蕃2代の居城となった。しかし、戦乱の渦は、再び春日城と居館を襲い、略奪と破壊により、貴重な資料や宝物は失われた。天正10（1582）年3月、織田信長は、武田信玄の子勝頼を攻め、武田氏を滅ぼした。その時、春日城主依田信蕃は、遠州田中城で籠城、徳川家康と対陣していた。徳川家康は、依田信蕃を武将として高く評価し、殺すに惜しいとして、降《くだ》って臣下になるよう説得した。しかし、依田信蕃は、それを断り、田中城を家康方に渡し、春日に帰還した。春日に帰還した依田信蕃を待っていたのは、諏訪に滞在している、織田信長の嫡男信忠からの呼び出しであった。ところが、信蕃が諏訪へ出向けば、処刑されることを知った家康は、使者を走らせ、信蕃を遠州二俣の小川村に隠し保護したのである。その時の依田信蕃の家族の避難場所が小倉城近くの穴小屋である。依田信蕃が逃げたと知った織田方の報復により春日城は再び略奪、破壊された。ところが、同6月2日、明智光秀の反乱、本能寺の変が起こり、天下統一を目の前に、織田信長、信忠父子が横死し、織田政権は瓦解した。そして、本能寺の変による混乱は、新たに織田領になった旧武田領に及んだ。このため、織田信長より旧武田領を分割し与えられた諸将は、一揆で殺されるか、または本国自領へと逃げるように撤退していった。このため、旧武田領の甲斐、信濃、上野は、無政府状態となり、この旧武田領をめぐり越後の上杉景勝、小田原の北条氏政、三河の徳川家康に真田昌幸、木曽義昌等在郷の有力国衆を巻き込んだ、領土争奪戦の戦乱となった。この戦乱は天正10年壬午の乱と呼ばれるが、冒頭の春日城に小田原の北条氏が3万の大軍で攻めてきたとの話は、この時の事を示唆したことと思う。武田氏が滅亡後、信濃国佐久郡、小県郡、上野国は、織田信長により、滝川一益に与えられていた。しかし、本能寺の変で織田信長横死を知った小田原の北条氏は、これを好機に領土拡大に動き、上野で滝川一益を破り、碓氷峠を越え、信濃国佐久郡へ侵攻してきた。一方、依田信蕃は、徳川家康から急ぎ本国に帰還し、自領を回復し佐久郡を平定するよう命じられた。依田信蕃が春日に帰還すると、折から上野から本国伊勢に撤退途中の滝川一益が小諸城に入城。そして、滝川一益は小諸城を依田信蕃に渡す条件として、道中の安全のため、佐久、小県の諸豪から人質を集めるよう依頼した。滝川一益の依頼を受け入れた依田信蕃は諸将から人質を集めわが子も共に滝川一益に渡し小諸城に入り、佐久平定工作を開始した。しかし、北条氏の先鋒、大道寺政繁が碓氷峠を越えたとの知らせが入ると、佐久郡、小県郡の諸将は、北条氏になびいた。そのため、依田信蕃は、小諸城から春日城に撤退。佐久郡、小県郡の諸将は、依田信蕃を除き、ほぼ全員が北条氏に降り、北条氏の支配下となった。しかし、唯一人北条氏に降ることなく抵抗姿勢を示す春日城主依田信蕃に北条軍の総大将北条氏直は、春日城目指し攻めいった。これに対して、信蕃は北条軍の大軍を目の前に、寡兵の春日城の籠城戦の不利を知り、小倉城へと撤退した。北条氏直は、小倉城を攻めたが、依田信蕃は、これを退け、北条氏直は、小倉城に抑えの軍を置き、すでに北信濃4郡を占領している、上杉景勝と対陣するため川中島へ軍を進めた。ところが、その間、北条本軍が佐久を去るのを知った依田信蕃は、佐久の北条方の宿敵、前山城の伴野氏を襲撃し佐久郡奪回を目指したが、多大な打撃を与えたものの落城できず撤退した。折から上杉景勝との対陣後、北信濃4郡を上杉領とする事で講和を結び、佐久郡に撤退してきた北条氏直は、依田信蕃の前山城攻撃を知り、氏直自身で小倉城攻略を開始した。この時に、根神社も焼き討ちされた。しかし、依田信蕃は、折から諏訪に侵攻していた徳川七手衆の支援を得て、北条軍を撃退、氏直も諏訪郡の徳川方優勢の状況を打破するため、春日城に一族北条源五郎を籠め、佐久郡の抑えとして、小諸城に大道寺政繁を置き、依田信蕃包囲網をつくり、諏訪目指し進軍していったと思われる。その隙に、依田信蕃は、籠城戦の拠点を小倉城から大小屋城（三沢小屋）に移したと考えられ、諏訪に向かう北条軍の小荷駄隊を襲うなど、ゲリラ戦の展開を始めた。その後、北条軍と徳川軍は、甲斐での長い対陣となる。そして双方決め手となる戦果が得られぬ間、当初優勢であった北条軍が甲斐での黒駒の戦いで徳川軍に敗れて以降、次第に劣勢となり、徳川軍優勢の中、和睦と講和が結ばれ、天正10年壬午の乱は、終結する。その間、依田信蕃は、真田昌幸を味方につけ、北条氏の補給路を切断、戦いの帰趨に大きな影響を与え、家康から佐久郡を与えられ、大名に上り詰めた。その後、家康の支援を受け佐久平定戦を展開し、そして、佐久平定を目の前に、岩尾城の城攻めで討ち死に。信蕃の功績と死を惜しんだ家康は、信蕃の家督相続に、いまだ14歳の嫡子竹福丸に「松平」の姓を与え、徳川一門に加え、その上、家康の一字「康」を与え松平源十郎康国と名乗らせ、父信蕃が得た所領をそのまま認め、佐久6万石の大名にした。そして、康国が若年のため、後見人として、大久保七郎右衛門忠世を付け、家康の後ろ盾を明確にした。さらに家康は、相木氏や伴野氏の残党の反乱に備え、依田肥前守に47騎と足軽200人を付け、勝間反砦（稲荷山城）に配属した。そして、家康は小諸城に立て籠もる大道寺政繁を攻め、関東の領国に追いやり、松平康国を小諸城主として、依田信蕃の労に報いた。天正10年壬午の乱は、今まであまり知られることなく、単なる東国戦国史の一つとしての評価に留まっていた。しかし、近年、平山優氏の著書『天正壬午の乱』が出版されてから、戦国史上、東国戦国史における、極めて重要な戦乱として注目され、その評価も変わってきている。平山優氏は著書の中で、「この争乱は、甲斐一国だけでなく、旧武田領全域にわたって展開し、本能寺の変後、羽柴秀吉と明智光秀が覇権を賭けた山崎の合戦と、その終結を確定づけた清洲会議までの西国局面と東国局面が一対をなし、相互に影響し合った広域争乱である。そして、この争乱が、北条氏直と徳川家康の和睦、同盟の成立により一応の終結となる。しかし、北条氏と徳川氏の和睦条件が、領国の国衆との調整を未処理のまま進められたため、国衆からの抵抗を長期にわたりうけることになり、やがて、天下統一を進める豊臣秀吉の介入を招き、秀吉の東国制圧と天下統一および戦国時代の終焉をもたらす遠因となる極めて歴史的意義の大きい争乱である」とし、従来の評価を大きく変えた。天正10年壬午の乱では、佐久郡をはじめ、信濃国一円が戦場となり、この戦乱が契機となり、真田昌幸は自立した大名になった。一方、依田信蕃は三沢小屋に籠城し、戦の帰趨に大きく影響を与えたが、北条氏と徳川氏の講和の後の佐久平定の直前に討死。徳川家康が天正10年壬午の乱後、三河、遠州、駿河、甲斐、信濃の5カ国を領有する大大名となり、豊臣秀吉と覇権を争い、秀吉死後、天下人になっただけに、依田信蕃の早い死が惜しまれる。特に、依田信蕃が戦国武将として真田昌幸に勝るとも劣らぬ活躍をし、高い評価を受けながら、今日では、地元ではあまり知られていない事は残念である。なお、信蕃の墓地は佐久市田口、田口城跡の麓に、信蕃の長男康国が天正11（1583）年、父信蕃の菩提を弔うため建立した曹洞宗の古刹、蕃松院にある。生前信蕃はこの地を佐久郡の統治の拠点と考えていたと思われる。もし仮に、依田信蕃が岩尾城で討死することなく、佐久を平定したならば、この地に城が築かれ、城下町ができ、佐久郡の政治、行政、文化の中心はこの地となっていたと考えられる。

春日城跡、秋葉山の由来と康国寺

春日城跡には秋葉神社がある事から、城山は秋葉山と呼ばれ春日の人々の憩いの場所として親しまれてきた。しかし、秋葉神社が康国寺により、勧請され、明治維新に至るまで、康国寺の守護神として康国寺により護持されてきたことは、今日では、地元春日の人々にあまり知られていない。

康国寺の創建の由来は、春日城主依田信蕃の嫡子康国の後継者となった次男康真が、慶長6（1601）年、春日城東麓、祖父信守や父信蕃の居館跡に豊臣秀吉による小田原の北条氏攻めに参戦し上州石倉城で横死した兄康国の菩提を弔うため一寺を建立。そして、曹洞宗竜雲寺末寺として、叔父天外大雲禅師が康国の名をとり、金城山康国寺となづけたというものである。開基の位牌には、「康国院殿嶺岳良雪大居士　天正十八年四月二十七日歿　松平修理太夫康国享年二十一歳」とある。その後、秋葉神社は、康国寺第八世龍湫瘋恵麟禅師が、延享2（1745）年、康国寺の守護神として春日城跡に勧請。以来城山は、秋葉山と呼ばれるようになった。ところが、明治新政府の神仏分離策により、秋葉神社は、春日、諏訪社合殿に移行された。秋葉社は、参道入り口が、尾根の最先端部にあり、欅の鳥居をくぐり、急傾斜な参道を尾根筋に沿って登ると、山城の中腹に郭あとを拡張整備した広場と舞台（神楽殿）がある。広場の南隅に蚕影社の石祠があり、さらに、この広場の南参道の鳥居をくぐり、ここを登ってゆくと頂上の郭に出る。秋葉神社は、この郭の南隅にあり、現在、秋葉神社の管理清掃は、春日、諏訪社合殿の氏子総代により行われている。また、秋葉山のシンボル春日城の主郭は、秋葉神社の南側先奥にある。秋葉山には、戦国時代の名残として、至る所に、堀切や曲輪が見られる。特に主郭の後ろ南側の堀切は春日城跡では最大な規模である。蚕影社は明治39（１９０６）年に勧請、石祠が舞台（神楽殿）の広場、南隅に建てられた。管理は、堀端区、大西区、向反区で、毎年5月、交代で祭礼をおこなっている。昔、この舞台では、お祭りのとき、舞踊や芝居が演じられ、春日の人々の憩いの場所であり、楽しみの場所であった。また、秋葉山の花火は、近隣からも見物に来るほどの賑わいがあった。秋葉神社の床下には今でも花火を打ち上げた大筒が保管されている。今は、秋葉山に登る人や秋葉神社に参拝する人は少ない。しかし、耳よりの話だが、春日城には、以前から埋蔵金の話がある。埋蔵金伝説は、「朝日指す夕日かぎらぬ城山のうつぎの根元に小判千枚の謎を解け」と言われている。ＧＰＳとスマホで埋蔵金を探しながら、秋葉山の城跡めぐりを楽しむのもいいと思う。そこで、埋蔵金を探しながら、春日城跡、秋葉山と領主居館跡、康国寺と周辺を歩いてみた。まず、参道入り口より西、秋葉山北麓に八幡社がある。春日から日露戦争に出征した兵士は、八幡社に参拝祈願してから出征していった。また、日露戦争の際、秋葉神社の扉の錠が自然に切れた。これは、秋葉様が戦地に出征されたためだと言われた。そして、八幡社の裏側、秋葉山北麓に並ぶ墓石は春日氏の墓石と言われている。江戸時代の天保7（1831）年8月の大雨で、秋葉山北麓のみゆる久保の一部が崩れ、五輪の塔9基を含む春日氏の墓石が金井小路一帯まで流れ出した。多くの五輪塔や墓石は失われたが、その一部を集め、この場所に安置したと伝えられている。また、望月町郷土を学ぶ会資料の高橋の項に偉大な名主として、明暦4（1658）年4月21日、村民を守るため、納米免除を小諸役所に嘆願し、納米を拒否したため、春日村名主、伊右衛門と平助の二人が高橋河原で処刑された、とある。そこで、康国寺の住職幡谷上人が二人の首級を衣の袖に包み持ち帰り、寺の裏山に手厚く葬ったとのことである。また、秋葉山の城山の西崖下に長寿祈願の神、多賀社が祀られているが、境内に筆塚が建てられている。この塚は、小野山茂左衛門氏の土地の寄進により、川井藤四郎氏の寺子が建てたものである。石詞には、「深入や　教訓わする　桜狩り　寛永六年三月　筆子中」とある。また、多賀社とみゆる久保の間の崖下の北側斜面に、伊藤家と岡部家の墓地がある。伊藤家は、江戸時代後期、和洋の医者また漢学者であり儒学者、中国古典の『孟子』、『中庸』、『大学』、『孝経』、漢方の『傷寒論』等の注釈書を著した伊藤忠岱を輩出している。伊藤忠岱については、大沢洋三著『望月ものがたり』（発行所・信濃路）、『望月町誌　第四巻』「第十二章　教育・文化」（716頁）に紹介されている。さらに、明治から大正時代にかけ、地域の考古学の先駆者で『春日温故記』（春日上新、伊藤次郎氏所蔵）を著した伊藤祐雄、同じく書家の伊藤祐英等の文化人の多くを輩出している。岡部家には、江戸時代の文化・文政時代（1804〜1830）の歌人の岡部兵左衛門。芝庵朝早と号し信濃の俳諧歌界の中心的存在であった岡部朝早、通称、岡部弥右衛門。さらに、明治から大正時代、佐久地域だけでなく、上田教会や新潟等のキリスト教の布教に大きな足跡を残した岡部太郎。長男の弥太郎は、東京大学教授として、教育心理学、哲学に大きな業績をのこしている。また、太郎の弟、岡部次郎は、国際通の政治家として知られている。中村勝実著『佐久の代議士』（櫟）および、中野次郎著『信濃の国士・岡部次郎伝　疾走する鹿』（第一法規出版）等によると、東京に出て、苦学生として、人力車夫などアルバイトしながら勉学に励み、アメリカ留学後、牧師としてハワイでキリスト教の布教活動をし、折からのハワイ内戦で日本人移民団の保護に当たる。その後、シカゴ大学（米）、ケンブリッジ大学（英）、ハイデルベルヒ大学（独）、パリ大学（仏）に留学、帰国後、政友会総裁、伊藤博文の推薦で、『北海タイムス』で主筆となり、日露戦争時、陸軍参謀本部に招かれ、国際法顧問となる。その後、明治45（1912）年総選挙で総裁伊藤博文の政友会から立候補し当選、政界入りを果たす。当時の選挙制度は県内1選挙区、定員9名、ほかに、長野市だけの1選挙区

1名の計10名であった。後に、岡部次郎は、政友会から脱党し尾崎行雄と共に護憲運動の政治家として知られている。なお、岡部次郎は、平成22（2010）年より始まった「佐久の先人検討事業」で「佐久の先人」として選定され紹介されている。次に、みゆる久保は、春日城跡の入り口である。ここに、春日城跡の案内板がある。この案内板の脇道に沿いみゆる久保を登ってゆくと、小道は東側の尾根の中腹の舞台のある広場に至る。その反対の西尾根の下に幾重にも曲輪跡がある。その一つに桜井家の墓地がある。この周辺からの春日郷の景色は絶景である。そして、幕末の勤王の志士で、赤報隊相楽総三等と共に、明治維新を目の前に、偽官軍の汚名を着せられ、非業の死をとげ、いまだ名誉の回復されることない桜井常五郎が、眼下の春日郷を眺め眠っている。さらに、春日村には、これらの人々の他、画家に、宝暦・明和・安永（1751～1780）の中沢為門燕州、幕末に春日新町村の飯塚燕舟を輩出。御鹿の里には、江戸時代天領であった影響か、江戸や京都の文化や学問・知識が伝わり、さらに学問、教育が大切にされ、その結果、郷土春日が誇る偉大な先人たちを多く輩出した。みゆる久保から春日郷の絶景を背後に、桜井家の墓地の西尾根に登ると、尾根の西側は、急な崖である。尾根筋を上に登ると、秋葉神社のある郭の下に出る。この郭から主郭を通り抜け、大堀切を越えてから、東に押し出ている尾根を下る。左側の地籍が法憧寺、右側が小庭《こて》と呼ばれている。法憧寺には、祢津氏系春日氏の全盛期、「光国寺」と称し、尼寺を含む数寺が配置されていたと伝えられている。また、小庭の地名は、春日城主の庭園とも伝えられている。とりあえず、右側の小庭に下りてみた。妙に静かで、適度の広さがあり、外から見えない。隠れ里のような不思議な雰囲気をもつ場所である。小庭を下り、康国寺の門前に来ると、門前に康国寺の本尊聖観音菩薩の立石がある。立石の表に「御鹿埜聖観世音」、裏に「州郡三十番」とあり、信州佐久郡三十三番霊場札所の「三十番」であることが刻まれている。埋蔵金を探しながら、秋葉山と康国寺の周辺を約1時間、トレッキングコースとしては、手ごろであったが、埋蔵金は、発見できなかった。その代わり尾根筋に露出していた埋蔵菌（きのこ）を発見した。現在、春日には、祢津氏系春日氏、望月氏系春日氏、依田氏等の古文書、資料、宝物等ほとんど残ってはいない。おそらく、戦国乱世の戦禍で焼失、略奪され紛失してしまったと思われる。しかし、現在残されている、貴重な遺品としては、康国寺が所蔵している春日氏居館跡から出てきた室町時代の板碑がある。板碑は上部と下部が欠落しているが、造立は、１３４０年、暦応3年6月24日、梵字28字は光明真言だといわれている。法幢寺地籍にあったとされる、「光国寺」や尼寺は、影も形もなく、ただ、この壊れた板碑のみ、当時の祢津氏系春日氏の栄華を物語るだけである。しかし、春日本郷の本当のお宝は、春日本郷が、いまだ、鎌倉時代の遺構である小路や用水路と侍街の形態を残している事である。このような、鎌倉時代の侍街の遺構を残しているのは、春日本郷、祢津、根々井だけである。そして、春日本郷の、春日城跡秋葉山、城主居館跡と康国寺、祢津氏系春日氏が勧請した、春日、諏訪社合殿と別府山蓮華寺を含め、これらすべてが、春日郷の歴史的価値のある地域の宝と言える。初めてこの地を訪れ、金井坂からみた春日本郷は、古代奈良の趣があるという。地元の人々には、普段見慣れた単に美しい景色だが、見知らぬ旅人には、春日郷が「古代奈良の縄文の道」を連想させ住みたいと感じさせた。また、春日駐在所に、平成23（２０１１）年当時佐久警察署長だった中島裕氏のトレッキングコースとコースタイムを含めて描いた康国寺と春日城跡の絵図が飾られている。地元春日に住む者の一人として、この絵図に込められた作者の思いもあらためて考えてみたい。

江戸初期の新田開発と後期の庶民文化の広がり

戦国時代の終焉と豊臣秀吉の天下統一による近世的統治の始まり、徳川家康による江戸幕府の成立。そして、徳川幕府を中心とした幕藩体制の確立と、身分制度、宗教政策、参勤交代等の大名統制により、日本は約２６０年余り、戦争なき時代を経験した。そのため、戦乱により破壊され、放棄された田畑の復旧や新たな新田開発が積極的に進められ、次第に農工業も発達し、街道も整備されたことで、交通、流通、情報、知識も広がり、近代化に向けての下地を作った。さらに、江戸時代中期から後期以降は、教育、文化、芸能等についても、広く庶民にも浸透し、町民文化も花開いた時代であった。

その一方、将軍を頂点とする武家社会を中心に士農工商の身分制度と厳しい武士政権下の統制により、農民をはじめ、殆どの庶民は、領主の圧政と貧困に苦しむ、長い服従生活を強いられた。また、江戸時代は、全期を通じて寒冷な時代であり、江戸四大飢饉と呼ばれるように、冷害、虫害、大雨と洪水、浅間山の噴火や大地震等、天災地変の繰り返しで、凶作や飢饉が絶えなかった。中でも天明の大飢饉は、浅間山の大噴火、アイスランドのラキ火山との噴火にエルニーニョ現象による冷害の被害は日本全国に及び、特に東北地方では、集落の殆どが餓死する状況を生んだ。この時代の寒冷化は地球規模で、この頃ヨーロッパでは、ナポレオンが頭角を現し、やがてナポレオンはフランス軍を率いロシアに侵攻するが、ロシアの厳しい冬将軍の前に敗北をした。このような地球規模の気候変動の厳しい状況下であったが、戦国乱世が治まり、幕藩体制の統治者（幕府・藩主）は、自領の検地と年貢の徴収、さらに、税収を上げるため、戦乱で荒れ、または放棄された田畑の復旧、新たな新田開発を推し進めた。

春日村について、つい最近まで、春日の人々の住民意識として、「春日村には、小路が多いことから、小京都である」とか、また「江戸時代の春日村は天領で、小江戸と呼ばれ、江戸の八百八町より一町少ないだけだ」と自慢する風潮が残っていた。天領とは、幕府直轄の領地で、全国で約４００万石、旗本、御家人の領土を含むと約７００万石。江戸幕府は、諸大名と比較して膨大な財政力を誇り絶対的権力を保持していた。そのため、天領の住民は、幕府領という虎の威を借りて、大名諸藩の住民に対し、優越感からくる差別意識が強くあった。今でも、格差意識から周囲を見下す風潮や、排他的言動が、しばしば見受けられる。選挙時起こる現象の「春日モンロー（後述）」は、格差意識からの排他的対抗意識の裏返しともいえると思う。この春日の人々の閉鎖的排他性は、グローバルな現代社会には、地域発展の阻害要素であると考える。しかし、春日村は、江戸時代当初から天領であったわけではない。江戸時代の春日地区は、春日村、春日新町村、岩下村、入片倉村の四村であって、現在の春日村（佐久市春日）が誕生するのは、明治８（１８７５）年、四村が併合してからである。春日地区の初期の新田開発についての参考資料に、『望月町誌　第四巻』３４７頁「近世初期の開発」がある。この表は、開発許可証文等より作成されたもので、その内容を見ると、まず、徳川三代将軍家光の時代、新田開発は細小路川水系から始まっている。寛永９（１６３２）年、西岩下（入新町）・飯塚勘右衛門、新町・岡部弥右衛門、宮ノ入・伊藤安右衛門、茂沢・桜井新介。寛永17（１６４０）年、岩下新田・小林茂右衛門。鹿曲川水系の新田開発は、寛文８（１６６８）年、四代将軍家綱の時代、湯沢新田・忠左衛門、神尾新田・縫左衛門、高橋新田・三郎兵衛。なお、『北佐久郡志　第四巻』「北佐久郡人名録」には、「桜井六太夫が承応年間（１６５２〜１６５５）から開発した、太郎別当の地から鹿曲川の水を引き現在の神尾堰、神尾新田を開発した。」との記載がある。

以上のように、春日地区の初期の開発時期は、江戸幕府が、近世的統治制度、即ち、幕藩体制を固める時期に当たる。大坂夏の陣で豊臣氏を滅ぼすと、幕府は、武家諸法度・禁中並公家諸法度を定め、近世的統治体制を確立しようとした。しかし、全国的にいまだ戦乱の時代の余韻が残り、巷では、戦国大名の主家を失った浪人であふれ、契機があれば、再び戦乱の世にかえる可能性の高い時期であった。そこで、江戸幕府は、強力な財政力と権力で、幕府に都合の悪い、福島正則、加藤清正等、戦国有力大名家を次々に取り潰し、キリスト教を弾圧し、鎖国政策をとり、異文化の流入阻止を図った。その一方で、改易で職を失った浪人や有力百姓に新たな仕事として、破壊された田畑の復旧と新田開発を請け負わせた。その結果、江戸時代の初期には、新たな村が次々にできた。今でも、佐久地方には、江戸時代、先祖が戦国時代の武田氏の旧臣をはじめ、諸将の武将で、新田開発等により、後に庄屋や名主になった人が多い。領主には、服従するが屈服せず、祖先から受け継いだ開拓者魂を保持し、先祖を誇り、いかなる困難にも負けぬ進取の気風を忘れずにいる。

江戸時代の春日村は、鹿曲川水系による本郷を中心に形成され、下ノ宮、境沢、別府、長林、長戸、高橋、向反、竹の城、八ツ石、新田、湯沢、三明からなっていた。村の鎮守の神様は、春日社、諏訪上社、諏訪下社。統治支配は、江戸時代初期は小諸藩に属し、その後、天領となり、また、甲府の徳川忠長の領地となり、明和に入り、再び天領となり、明治2年までの110年間、幕府直轄の天領になっていた。なお、延宝年中（1673〜1681）、湯沢新田に川井家により、湧き出した鉱泉を湯元に営業を開始する。

春日新町村は、細小路川水系左岸の新町を中心に周辺の水田開発が進み、春日村から分村、新町、宮ノ入、茂沢、西岩下（入新町）の四集落からなる。明和に入り幕府直轄の天領となる。根神社は鎮守の神様である。

入片倉村は、細小路川水系の右岸、寛永年間、片倉村から分村の祢津領である。児玉、下沖、上沖があり、児玉には、小玉冷泉が山裾の田の畔にあり、以前は、傷や瘡に効能があるとされ、児玉の湯として知られていた。村の鎮守の神は諏訪社。

岩下村は、寛永年間、片倉村から分村し、祢津領となる。四ツ屋は、支村。鎮守の神は、新海神社。佐久郡田野口郷より寛永7（1630）年勧請。岩下村の開発は、天明6（1786）年の「御公儀御書上信濃国佐久郡開発帳」に「岩下新田、寛永17（1640）年開発人小林茂右衛門」とある。なお、この地は、縄文時代早期の遺物から平安時代の住居跡までの長期にわたる遺物が出土している。

以上のように、春日地域は、江戸初期の水田開発により、四村が誕生し、支配者の変動はあっても、この四村は、幕末まで存続した。その間、四村の住民は、厳しい幕藩体制の統治下、天災地変に苦しみ、生き残りをかけての、支配者への服従と抵抗を続けた。その一方、戦乱なき世は、冒頭で触れたように、庶民の中に、農工業の技術の発展を促し、また、今まで、一部の階層のみの、教育、芸術、文化等も庶民に広がり、日本の近代化に向けての下地が徐々に育っていった。また、百姓仕事の骨休みや、傷や病の療養に近くの温泉場に行くのは、庶民の楽しみの一つであった。そのため、春日の湯は、春日村民のみならず、近隣の人々で大いに賑わった。今でも、春日の湯に向けての道標が近隣の旧村の各所に残っている。また、江戸時代に入り、交通が発達し、旅もしやすくなった。そのため、社寺参詣が盛んになると、当時お伊勢参りは、一生に一度の願いとして、庶民には、憧れの旅であった。そこで、頼母子講により旅費を積み立て、講の代表を順番に送り出す代表形式がとられた。即ち、伊勢講、日光講、秋葉講、三峰講、戸隠講等である。春日新町に宝永6（1709）年7月8日、「奉順禮・秩父・西国・坂東百番供養」同行7名の石碑が建てられている。信仰仲間の7人が、秩父34カ所、西国33カ所、坂東33カ所の観音札所、合わせて全国100カ所の観音霊場を巡礼した記念に建立されたものである。また、春日の高橋に、弘法大師の霊場とされる四国88カ所を巡る遍路の旅を記念に建立されたと思われる「四國八十八箇所供養」と書かれた大きな石碑がある。石碑の裏面に「弘化三年（1846）九月二十六日、春日村ゑん造立」と刻銘されている。その他、元文5（1740）年春日村旧岡部家文書「萬覚帳」、文化10（1813）年入片倉村久右衛門の「伊勢両宮参詣記」に伊勢参りの記載が残されている。このような、春日村民の旅における見聞の土産話は、多くの情報と知識を春日村にもたらした。そして、江戸時代後期には、多くの分野で活躍した偉人を輩出した下地になった。さらに、寺子屋による、一般教育としての「読み、書き、そろばん」が、庶民の教養として、広がっていった。

なお、春日村の職業状況の資料として、明和2（1765）年の「春日村明細帳」が残っており、「本百姓235戸、抱百姓36、水呑百姓65、門前5、神主1、山伏4、温泉1、酒屋2、質屋1、大工4、鍛冶3、葛屋根屋6、畳屋1、桶屋1、紺屋1、医者1、馬口労1、大物商1、以上の人口1239人。」とある。また、現存する、寛政年間の春日村絵図は、当時の四村の状況が一目瞭然にわかる貴重な資料である。

明治維新と維新の犠牲者、桜井常五郎

慶応3年10月14日（1867年11月9日）、徳川15代将軍徳川慶喜により大政奉還が上奏され、12月9日、王政復古の大号令がだされ、徳川幕府の幕藩体制は崩壊。翌、明治元（1868）年3月14日、明治天皇による五か条の御誓文が発せられ、日本は、天皇を中心とする中央集権的国家として、明治新政府により近代化が進められた。明治新政府は、まず廃藩置県や版籍奉還を断行。身分制度を解体し原則四民平等とした。そして、国民皆兵の徴兵令を施行し、近代的軍隊を編成した。さらに、国家財政の安定のための地租改正と土地の私的所有権を認めた。また、貨幣制度の整備、鉄道、郵便、電信等、社会基盤の整備と、官営事業の推進、富国強兵政策と国民教育充実のため学制公布等、江戸時代の制度や慣例を廃し、欧米流の政治制度を導入し、急速な日本の近代化を進めた。しかし、まもなく、新政府内部で、新時代の国策を巡り、対立が生まれた。明治6（1873）年、欧米視察から帰国した、岩倉具視等と武力で朝鮮開国を主張する板垣退助等とが征韓論で対立。岩倉具視、木戸孝允、大久保利通等は国際関係を配慮し征韓論に時期尚早と反対、敗れた板垣退助は、西郷隆盛、後藤象二郎、江藤新平、副島種臣等と共に下野した（明治6年の政変）。翌明治7（1874）年、板垣退助、後藤象二郎、江藤新平、副島種臣等、愛国公党を結成。民撰議院設立建白書を政府左院に提出。これが契機となり、自由民権運動が始まる。さらに、同時期、農村指導層を中心に、地租改正反対一揆、職禄を失った士族の不満が反乱となり続発した。そして、明治10（1877）年、西郷隆盛を慕う私学校生、旧薩摩藩士を主力に熊本の旧士族も呼応、西南戦争が勃発。日本最後の内乱、西南戦争で、新政府軍に旧士族勢力の西郷軍は敗れ、西郷隆盛は自刃。旧士族の武力抵抗は収束に向かう。そして、新政府の権力は高まり、西南戦争以降は、薩長藩閥政治に対し、憲法の制定、議会の開設、地租の軽減、不平等条約改正の阻止、言論自由や集会の自由の保障などの要求を掲げ、自由民権運動が政治運動、社会運動として、高まり、政権側は、官憲による力で弾圧。その対立は、明治22（1889）年の大日本帝国憲法の発布まで続いた。そして、翌23（1890）年、第1回衆議院選挙が実施され、第1回帝国議会が開設されたことで、日本は、天皇を中心の立憲君主制の議会制度が発足した。また、同年10月30日、近代日本の教育の基本方針として、教育勅語が発布され、日本は近代国家に向け国家統制を強めた。そして、260年余り、幕藩体制の下、身分制度、諸法度等、徹底的に幕府への反乱を封じた戦争なき専制統治国家の江戸時代から、近代化の名のもとに、日清、日露、太平洋戦争と帝国主義的欧米近代国家との競争の中で、国家統制と軍国主義を強めた。そして、次第に国民を巻き込み、戦争の時代に突入していく。学校教育でも軍国主義の教育が、軍国少年を生み育て、自由で合理的、民主的な人々の考えは、教育界からも排除されていった。

　佐久郡春日村の明治元年は、戊辰戦争における相楽総三とその同志による東征軍先峰隊の編成で始まった。春日村出身の桜井常五郎は、官軍先鋒嚮導隊《かんぐんせんぽうきょうどうたい》、北信分遣隊長として参加。旧望月町域からの出身者は、赤報隊全体の3分の1を占めた。東山道軍の先駆、相楽総三と同志による官軍先鋒嚮導隊は、年貢半減令を布告し進軍した。これに対し、明治新政府は、2月10日付で「嚮導隊」は、「偽官軍」であるとし捕縛を命ずる回章を信州諸藩に触れた。相楽総三をはじめ桜井常五郎も捕らえられ、3月6日、桜井常五郎らは、追分の刑場で死罪梟首《しざいきょうしゅ》された。年貢半減令の布告が、明治新政府に、都合が悪くなり、その責任を相楽総三や桜井常五郎に負わせた冤罪と言われている。桜井常五郎は、村役人桜井新助の三男として生まれ、康国寺の玄瑞和尚に学び、武芸は上州馬庭念流の樋口道場に学んだ。春日村から同じ道場仲間に川井高一郎、岡部邦太郎がいた。修業から帰った三人は、中之条陣屋の火砲訓練に志願したが、常五郎だけ陣屋役人の気風が嫌でやめて帰った。その後、上塚原村の神職小林日向の分家、小林喜兵衛の娘およしと結婚し、おぜんとおしまの二女を得た。この間、常五郎は小林宗家の小林日向について典籍、詩作を学んだ。また、後に嚮導隊《きょうどうたい》に参加する落合の神官水野丹波や明治政府に土地国有化と農民への均田分配を建言した、八幡宿の依田鉄之助、長土呂の神官角田忠行など平田派国学グループと交流する。そして、皇女和宮の東下の助郷に出た常五郎は、幕府の役人といさかいを起こし、中之条陣屋から出頭を命じられた。そこで、心配した親類と相談の末、半年前に家族とは離別になっていたという書類をつくり出奔した。江戸に出た常五郎は、斎藤弥九郎道場に入り、同門の桂小五郎（後の木戸孝允）との縁で長州藩の保護を受け、京に上って春日第五郎と変名した。文久3（1863）年9月、3年ぶりに故郷に帰った常五郎は、陣屋の追及を逃れて再び江戸に上った。やがて、京に上り、相楽総三と知り合い、赤報隊に加わる。桜井常五郎については、長谷川伸著『相楽総三とその同志』および、大沢洋三著『蓼科山麓の幕末維新』等に、維新の犠牲者であることや、処刑の不当性が記述されている。相楽総三と同志の多くは、遺族たちの努力で、日本政府により名誉が回復され、昭和3（1928）年、正五位が贈られ、翌4（1929）年、維新の功労者として靖国神社に合祀されている。一方、桜井常五郎は、いまだその名誉は回復されていない。常五郎の長女おぜんは、長野県北佐久郡御代田村（現御代田町）の安川栄治郎に嫁ぎ、一男一女をもうけたが若くして病死。この安川家からは、医師、軍人、教育者を出しており、旧春日村にも縁者がいる。平成22（2010）年、今の佐久市を故郷として様々な分野で歴史的な活躍をし、地域や国の発展の礎となり貢献した人で、佐久に暮らす人々にとって欠くことのできない役割を果たした先達を「佐久の先人」として選定・紹介する目的で「佐久の先人検討事業」がはじまった。この時、旧望月町議会議員で佐久の先人検討委員、清水宣子氏より、春日地区より、佐久の先人にふさわしい人を推薦してほしいとの直接の依頼があった。私は春日地区を代表して、春日の先人を推薦するにはふさわしくないとの理由で一度は辞退し、代わりに数人を推薦者として紹介した。しかし、彼女の強い要請もあり、重い責任を感じながら承諾した。これが、桜井常五郎と春日村を中心とした佐久郡出身の同志の名誉回復の契機になればとの思いから、平成22年より始まった「佐久の先人検討委員会」に「佐久の先人」として、桜井常五郎、岡部次郎、伊藤忠岱の三人の資料を添え推薦紹介した。結果は、岡部次郎氏のみが、第三次17人の佐久の先人の一人として選考され、伊藤忠岱、桜井常五郎は、選考から漏れてしまい、今回は桜井常五郎と同志の名誉回復の契機とはならなかった。

明治初期の長野県教育を築いた三人

昔から、長野県は「教育県」と言われてきたが、その功労者は、永山盛輝、能勢栄、浅岡一の三人が挙げられる。いずれも、長野県出身ではない。明治4（1871）年、廃藩置県で信州は、14の県が置かれ、間もなく、二つに統合された。長野県と筑摩県である。長野県は長野に県庁を置き、筑摩県は松本に県庁を置いた。永山盛輝は、薩摩藩士出身で、明治3（1870）年、伊那県参事、翌4年11月筑摩県大参事、明治6（1873）年3月筑摩県令となった。県令となった永山は、人づくりを第一に教育に情熱を燃やした。校舎の建設は、村の寄付によるが、貧しい町村が多く、その財政負担は、大きかった。そこで、永山は、自ら管内の町村を巡回し、有力者に寄付を呼びかけた。そして、村人に子供を学校に入れるよう、説得して回った。永山の筑摩県の教育発展の功績の一つに、自ら陣頭指揮し、棟梁、立石清重に命じ建てた開智学校がある。永山は、明治8（1875）年11月、新潟県令となり、信州を去るが、開智学校は、明治9（1876）年5月に完成。同年8月、長野県と筑摩県は合併、新たに長野県となり、県庁は、長野に置かれた。

なお、開智学校の建物は、現存する当時の小学校を知る、数少ない貴重な建物である。また、佐久郡下中込に市川代治郎の設計による擬洋風の成知学校校舎（旧中込学校校舎）も残されている。当時、長野県の小学校の就学率は、63・24％で全国第1位であった。また、教員養成のため、明治6（1873）年、7（1874）年に、長野県、筑摩県にそれぞれ師範講習所が設けられ、同8（1875）年に名称が師範学校に変わり、同9（1876）年の県合併により、長野県師範学校は、一校に統合。長野を本校、松本を支校とした。

以上のように、長野県教育の最初の基礎は、永山盛輝により築かれた。永山盛輝が去り、新たに長野県令になった大野誠は、長野県師範学校に校長を置かず、県の教育を一任出来る人材を探し求めた。そして、明治15（1882）年7月10日、能勢栄が初代長野県師範学校長に赴任した。能勢栄は、旧幕臣で、上野で戦った彰義隊の生き残りであり、アメリカに逃げ、苦学して現地の大学を卒業。明治9年帰国。岡山師範の教頭、学習院教授をしていたが、長野県令大野誠の招きに応じ、明治15年7月、31歳の若さで、長野県師範学校長として赴任してきた。洋行帰りの、新進気鋭の校長能勢は、アメリカで学んだ、進歩的開化性を発揮した。まず、来任した翌年、周囲の反対を押し切り、師範を松本に移し、長野を廃校にし、自らは、東筑摩中学校（後の松本中学、現在の松本深志高校）の校長を兼任した。そして、ペスタロッチの教育論を受け継いで、「開発教授法」を導入し、今まで、師範の授業内容は漢学が主であったのに対し、倫理学、心理学、唱歌、体操、動物、植物を取り入れ、師範教育を一新した。さらに県下各地の教育指導者や教師を集め、各地で講習会を開き、新しい教育を伝えた。当時、教師の平均給与は、東京で8円50銭、長野県では、12円12銭で、そのため、優秀な東京師範の卒業生は、多数長野県に集まったという。その結果、県下の優秀な子弟も教師を目指し、また、父兄も教師に対する信頼と尊崇の念を抱き、県下の教育レベルも上がった。しかし、能勢の後ろ盾であった大野誠県令が病没すると、師範を松本に移した能勢に対する批判が長野で高まり、能勢は「信州で自分の為すべきことは為し終えた」と言い、福島師範の校長に転じた。

能勢の後、塩路宗一が10カ月間、師範校長を務め、師範を松本から長野に移し、明治19（1886）年、浅岡一が改組した長野県尋常師範学校校長に赴任し、県学務課長も兼任した。浅岡は、福島二本松藩士、浅岡家の末子（五男）で、故あって浅岡家を継いだ。会津戦争で左腕に貫通銃創を受け、21歳の時、上京。松本出身の辻新次家に同居し教えを受けた。そして、文部省に入り、広島師範、東京女子師範、和歌山県学務課長を経て、長野県に来任した。さらに浅岡一は、同年創設された信濃教育会会長にも推され就任。明治20年代前半期県教育界の中心的推進者となった。なお、浅岡は、能勢とは反対の古武士的風格を持つ、豪放な性格の人物であったと評されている。浅岡の師範教育は、順良、信愛、威重の徳性の訓育にありとし、師範の生徒は全員寄宿舎に入れ、軍隊的教育を行い、師弟の間に人格愛情を育むべき高い精神主義の教育を進め、また、人材を集めるため、校長である自分より高い給与で教員を招いた。教頭に若き理学博士松井元治郎、国文には、『信濃の国』の作詞者浅井洌、漢文には高橋白山、付属には、与良熊太郎を招いた。与良熊太郎は、佐久の教員時代、能勢栄の新しい教育を伝える講習会に出席し「能勢氏に接しその説にふれて初めて教育の尊いもの教師の愉快なるものを知った。」と語り、後に佐久教育界の先駆者となった人物である。そして、松井元治郎が2年で信州を去ると、上田藩士出身、祖父が藩校の学監を務めた正木直太郎を教頭に招いた。浅岡一の功績として、校舎の新築、付属小学校の設立がある。また、女子部を設け女子教員の道を開いた。浅岡は、信州教育界に大きな功績を残し、明治26(1893)年、東京の華族女学校に転じた。浅岡が長野師範の校長辞任のあとは、初めて長野県出身である正木直太郎が校長に就任、同時に「信濃教育会」の会長にも就任した(藤田美実著『信州教育の系譜 上』)。

以上三人が先駆者となり、長野県教育の基礎を築き、長野県が「教育県」と呼ばれるようになった。なお、浅岡の跡を引き継いだ正木直太郎には6人の男子がいるが、6人全員が東京帝国大学を卒業している。中でも、次男正木俊二は、一高を卒業時、成績優秀で天皇陛下から銀時計を贈られている。また、富士見高原病院の初代病院長として、また、正木不如丘の名の小説家でもある。父直太郎と、久米由太郎とは、教育者同士で交流があったことから、正木俊二は久米由太郎の息子で小説家の久米正雄とも親しく、富士見高原病院は久米正雄の小説『月よりの使者』が映画化された際のロケ場所にもなった。また、富士見高原病院は堀辰雄の小説『風立ちぬ』にも登場するほか、竹久夢二等多くの著名人が結核療養の生活を送った場所である。

明治初期の教育制度と春日小学校の歩み

春日小学校の歩みは、明治５（１８７２）年８月３日、学制が発布されたことから始まった。明治４（１８７１）年、廃藩置県が行われ、同年７月、文部省が設立され、日本全国の諸学校を統括することになった。そこで、文部省は、江戸時代からの諸学校からの普及を基礎に、欧米諸国の教育制度を参考に日本の学校教育制度を創始した。まず、学制を定めその公布にあたり、国民に対し、従来の学問観や学校観を批判し、教育における学問の意味を明らかにした。即ち、新しい学校へ人民一般が入学して新時代の有用な学を修めなければならないとした。さらに、子供を就学させることは、父兄の責任として、かならず果たさなければならないとした。また、同時に、学校衛生施策として、伝染病の予防が取り上げられた。当時、日本は、疱瘡、コレラ、赤痢等が大流行していた。そのため、学校が最も危険な媒介所になる恐れがあり、学制第２１１章で、種痘あるいは天然痘の経験者でない者は、出席停止とした。さらに明治12（１８７９）年の教育令では、これを、伝染病全般に拡大し、罹患者を出席停止とした。学校制度の体系は、小学、中学、大学の三段階を基本とした。そして、小学校は８年制とし、上等小学校、下等小学校各4年とした。学制実施当時の小学校は、寺子屋を改称した程度の規模であったが、これを運営するに必要な経費の大部分は学区内の負担になっていた。例えば、学区制に基づき、各学区に一校ずつ小学校を必ず設置し、それを運営維持させようとしたことは、当時の社会状況からして、地方自治体には、重い負担であった。一方、子供を就学させる、父兄にとっても、この頃の時代は、子供は家庭労働の担い手であり、担い手を奪われる不満と、さらに、授業料はさらなる重い負担を負わせることになった。そのため、学区制に反対し暴動が全校各地で起こり、小学校を破壊する事態も生じた。そこで明治政府は、町村合併により、小学校を運営維持するための施策をとった。

春日小学校は、当初、明治7（1874）年1月8日、第6大学区・第17中学区・第53番小学校成章学校として、康国寺を借り受け開校した。そして、支校を入片倉村の民家と、比田井の宝国寺に開校した。なお、比田井の成章支校は、翌8（1875）年、合併に伴う協和村の成立により、成章学校から分離、至善学校（協和小学校）と合併された。当時、授業料は一人5銭で、就学率も半分程度であった。なおこの年、長野県の第一次町村合併の奨励策により、春日村、春日新町村、入片倉村、岩下村の四村が合併し、新たな春日村となる。

明治12（1879）年1月、第87番、岩下村落学校を東岩下に設立。同年9月29日、学制が廃止され、教育令が制定される。それに伴い、翌13（1880）年6月25日、成章学校は、春日学校に改称。翌14（1881）年9月、岩下村落学校を廃止。東岩下・四ツ谷・入新町・茂沢・宮ノ入・下新町・三明・入片倉を一学区として、56番春昇学校設立。翌15（1882）年9月25日、村立春日学校を春日村第390番地に設立。翌16（1883）年4月、東岩下に、春昇学校支校を設立する。教育令により、学制実施に伴い生じた様々な困難な課題を克服し、当時の時勢の変化に即応するため、学制を廃した。西南戦争の後、一応、国内の政治的統一が行われたが、その反面自由民権運動が盛んとなり、一方財政面では国庫財政が緊迫し危機的状況になっていた。そのため、政府は、全国画一的な学制を改め、教育を地方の管理に委ねる改革として教育令を発布した。教育令は、自由主義により進歩したアメリカの制度を参考にし、当時の日本の教育実情を考慮しつくられた。

明治18（1885）年4月、協和村と春日村が連合村になり、春日小学校は、協和小学校の支校となる。しかし、明治21（1888）年4月25日、「市制」、「町村制」および「府県制」また「郡制」が公布され翌年4月1日に施行することになった。その結果、地方自治体制度が確立するとともに、これらの地方公共団体を設置者とする小学校制度の改革の必要性から、小学校令は、全面的に改正され、初等教育の運営者を明確にした。そして、明治22（1889）年2月11日、大日本帝国憲法が発布された。同年4月1日、第二次町村合併策、即ち、町村制実施により5月24日、春日村は協和村から分離し、役場を康国寺に置いた。同日、春日小学校は、協和小学校の支校から、春日尋常小学校として独立。翌、明治23（1890）年、10月30日、近代日本の教育基本方針の教育勅語が発布された。これ以降、立憲君主制国家の主導の下、日本の学校教育は進められていくことになった。

明治の大合併と新たなる春日村の誕生

明治時代の合併は、一面、地方公共団体を学校教育における小学校の設立、運営、維持管理が可能な規模にするためとされた。そして、小学校校舎の建設や就学率をあげる、諸政策により、明治末には、就学率は90%を超えるようになる。そして、明治初頭から始められた学校教育制度は、当初子供は、家庭労働の働き手の一人であり、さらに授業料は一部村民を除き、貧しい家庭には重い負担で、就学に反対する親が多かった。しかし、卒業生も数を重ね、卒業生の社会での活躍が、家族の将来の希望となり、さらに故郷を離れた中での社会的成功者の出現は地域の希望になった。そして、春日小学校の校舎の建設や施設の整備も進み、いつしか、学校教育は地域に欠かせない存在として定着した。

春日村の誕生の経緯については、まず、明治政府の合併政策による明治8（1875）年の長野県の第一次町村合併の奨励策により、春日村、春日新町村、入片倉村、岩下村の四村が合併し、新たなる春日村になる。しかし、明治18（1885）年4月、春日村は協和村との連合村となり、さらに、町村制実施にともなう第二次町村合併策により、明治22（1889）年5

月24日、春日村は協和村との連合村から分離独立し、新たなる春日村が誕生し、春日村初代村長として、上野宇左衛門氏が就任した。また、春日小学校も春日尋常小学校として独立し、新たな歩みを始めた。新たに発足した春日村は、役場も小学校も、康国寺での借家住まいである。しかし、当時の春日村の村民は、進取の精神に溢れ、新たな村づくりに燃えていた。春日村の村づくりの第一歩として、村有林となった春日嶽から切り出された木材が、役場の建設、小学校の校舎の建設整備に大いに役に立った。しかし、当時の春日村や村民にとって、春日小学校の校舎の建設の資金調達の負担は重く、そのため、春日小学校の建設費の一部を調達するため、明治38（1905）年12月26日付で春日村村有林の一部を県に売った。現在、旧春日村の春日財産区有林と共に、県有林があるのは、このためである。一方、新たな村づくりの当面の課題に、国、県、近隣町村との境界の確定があった。明治30年代中頃から40年代末、当時の春日村の竹花元三郎村長（春日上新）が、春日村と長野県、近隣町村との境界の確定に多大な功績をのこした。また、新たなる春日村絵図の作成に貢献したのが、地域の考古学の先駆者である伊藤祐雄氏（春日上新）である。そして、春日村が協和村から分離独立し10年余りとなり、近隣町村との境界も確定し、当時の春日村民全体が進取の精神に燃えていた中、パイオニア精神に溢れた逸材が活躍した。岡部太郎氏のキリスト教の布教活動は、新時代の到来を思わせた。また、岡部次郎氏の活躍は、若者に夢と希望を与え、教育の必要性を感じさせ向学心を燃やさせた。そして、明治45（1912）年岡部次郎氏が、伊藤博文率いる政友会から衆議院議員に出馬した際、春日村の全村民は、春日村の誇りとして、一致団結して闘った。当時は、長野市一区定員1名、その他、長野県全区定員9名の計10名の非常に厳しい条件であった。しかし、岡部次郎氏は、新進気鋭の国際通の新人候補として、9名中5位で初当選を果たした。その後、病死するまで4回の当選を果たすが、選挙に際しての春日の人々の団結力は、常に近隣の人々から「春日モンロー」と呼ばれ怖れられるようになった。春日村民は、江戸時代に天領であったことから誇りが高く、自尊心が強い。

「春日モンロー」と呼ばれる契機は、岡部次郎氏が衆議院議員の選挙に立候補した時からと考えられる。春日村民は、同氏の立候補を春日の誇りとして歓迎。大同団結し大津波のような凄まじい勢いで選挙運動を行った。そのため、近隣町村の人々のみならず他候補の運動員まで震えあがるほどであった。その以降、近隣町村の人々は、選挙の度に団結する春日村民の特性を、アメリカ合衆国のモンロー主義を比喩し、「春日モンロー」と呼んだ。そして、先輩達の活躍に刺激を受けた若者は進学、または、家庭が貧しくとも青雲の志を抱き、苦学を覚悟で故郷を離れ東京へ出ていった。また、日清戦争、日露戦争の日本の勝利は、当時の青少年に軍人になることへの憧れと希望を抱かせた。そして、軍人の登竜門として、陸軍士官学校と海軍兵学校があった。いずれも、学資は免除され衣服、食事等は支給されるので、家庭の貧富と関係なく個人の成績、能力、努力により進学できた。「末は博士か大臣か」の言葉で象徴されるように、戦前は、家が貧しくとも軍人から政界に転出し、大臣や総理大臣になることが可能で、当時はエリートコースの一つであった。当時の上田中学（現上田高校）の卒業者名簿を見ると、この時期、旧春日村出身者は、近隣の郡部町村と比べて多いと思われる。上田中学に進学後、東京帝国大学、千葉医専、東京高等師範、陸士等の難関校にそれぞれ進学しており、当時の旧春日村の教育水準の高さを示している。また、当時は文武両道がうたわれ、旧制中学では、柔、剣道のいずれかを必修として選択しなければならなかった。一方、野球も盛んで、春日村から上田中学に進学後、陸軍士官学校に進んだ桜井国平氏（春日堀端）は、上田中学から慶應義塾大学に進学、投手として活躍し、野球殿堂入りを果たし、また佐久の先人に選ばれた桜井弥一郎氏（佐久市桜井）とバッテリーを組み上田中学の両桜井と呼ばれ活躍した。野沢中学で活躍したのは、春原嘉一郎氏（春日上新）である。イケメン選手で人気があり野沢中学卒業後も、地域の対抗試合には、必ず野沢中学のユニホームを愛用し、多くの春日小町が、その活躍に胸を弾ませた。

夢に終わった佐久諏訪電気鉄道

新しい時代の交通機関として鉄道がある。明治新政府による鉄道計画は、東京と京都を結ぶ幹線鉄道の建設で、東海道と中山道が計画の対象となった。当初の中山道鉄道は、高崎を拠点に横川から南に入り、入山峠を越え岩村田に、望月等川西地域の旧中山道沿いに建設する予定であった。一方、中山道鉄道計画から外れた善光寺平から上越地方の人々は、上田から直江津を経て新潟に達する鉄道の敷設を求め運動した。また、鉄道の敷設計画に対し、路線の該当地域では、疫病がはやる、牛馬が暴れ、鶏も卵を産まなくなる等の流言が広がり、各地で反対運動が起こった。その結果、鉄道の敷設は、市街地は避けられ、人家を離れた河川沿いに作られた。そして中山道鉄道と新潟を結ぶ直江津線の敷設が認められ、望月、川西地域は、この鉄道計画から外れた。明治21（１８８８）年、官線鉄道として信越線が佐久の北部を通過した。そして、明治43（１９１０）年、民間資本による鉄道網の拡充を図る目的で軽便鉄道法が公布された。この法律の公布により、信越線の恩恵から遠かった南佐久や望月等川西地域に鉄道、発電所の計画が相次いだ。即ち、佐久鉄道、佐久諏訪電気鉄道、布引鉄道の敷設計画である。佐久地方は、古来より陸上交通路に比較的恵まれていた。江戸時代には、中山道、北国街道が通過していたので、佐久地方の経済活動は活溌であった。なかでも、蓼科山北麓の川西地域は、京都、大阪等上方や江戸との結びつきが強かった。そして、一度は、鉄道の敷設に反対した人々は、信越線の通過による経済効果と、疫病の蔓延もない様子を見て、流言に惑わされ地域発展の最大の機会を失ったことに気が付いた。そして、佐久地方の人々には、鉄道への願いと夢が広がった。大正4年8月（1915）、佐久鉄道（現小海線）が小諸—中込間に開通。後に小海まで延び、佐久を南北に貫く鉄道が完成した。この結果、小諸町（現小諸市）は佐久鉄道の開通により、信越線の分岐点となり、商工業が大いに繁栄したが、川西地域は、鉄道から取り残されてしまった。大正8（1919）年、小諸商工会と川西地方の有志による、小諸を起点に、川辺—布引—島川原—望月を結ぶ鉄道の敷設計画案が起こった。また同時に、鹿曲川水力電気㈱の創設と春日村に発電所を設ける問題が起こった。まず、春日村字頭無平に発電所を設け、その電力で川西製材所を経営。さらに、その電力の供給を受け、川西地区に電気鉄道を開設し、将来は南佐久・小県・諏訪等にまで延長する計画であった。この計画の推進者の一人は、春日村長を退職した竹花元三郎氏である。この計画案は、すぐに川西地域の夢として佐久諏訪電気鉄道敷設案に転換する。佐久諏訪電気鉄道は、信越本線田中駅停車場を起点に北御牧村—本牧村—春日村—協和村—芦田村—小県郡大門村—諏訪郡北山村—米沢村を経て中央線茅野駅を終点とする全長60・1㎞の鉄道を敷設する計画であった。そして、佐久諏訪電気鉄道は、協和村柳沢和一郎氏ら177人が発起人となり、大正8（1919）年11月12日、敷設許可を申請した。一方、翌年の大正9（1920）年10月、布引鉄道㈱が設立され、布引鉄道も本格的工事にはいった。

佐久諏訪電気鉄道は、川西地域の人々の夢と希望の計画であり、諏訪との交通に大きな期待と夢があった。『望月町誌 第五巻』「第四章第六節・交通機関の発達と道路・佐久諏訪電気鉄道の計画」341頁、「佐久諏訪電気鉄道株式会社の設立趣意書」には「本鉄道ニテ連絡スヘキ地方ハ本邦第一ノ製糸地タル諏訪地方養蚕彩最熾ナル佐久小県地方ナルヲ以テ関東地方トノ商業取引上ノ為メ往来スル乗客及貨物ハ各駅ニ輻輳スヘク 蓼科山麓ハ山水秀麗並ニ避暑ノ好適地ヲ有シ 亦諏訪ニ於ケル四季ノ遊客殊ニ冬季ノスケート及温泉の浴客避暑客ノ乗降多数上ルヘキハ多言ヲ要セサルベシ」とその期待の大きさが記載されている。

当時、第一次世界大戦の最中、スペイン風邪が世界的大流行し、戦争終結後は世界的な不況の兆しがあり、日本の経済も戦後不況に苦しんでいた。そんな状況下で、大正12（1923）年9月1日、突如、首都東京を襲った関東大震災が起こり、日本は、経済も含め大混乱となった。しかし、川西地域の人々の鉄道にかける熱い思いと期待は大きく、多くの人々がこの計画に投資した。大口投資者として、布施村常田宗五郎、春日村上野昌一、協和村柳沢和一郎、佐藤茂左衛門の各氏が名前を連ねている。

建設工事は、当初佐久と諏訪の両端から同時着工の予定であったが、佐久側で布引鉄道の工事が始まり、そこで、諏訪方の茅野―北山村湯川間10・7㎞を優先着工することになった。大正13（1924）年5月、第一期工事は、中央線茅野駅より諏訪郡玉川村・豊平村・湖東村を経て北山村湯川に至る間がほぼ完成。続いて渋川橋の橋台にかかったが、冬の寒さと雪の壁に阻まれ工事は困難になり一時中断。さらに、関東大震災の震災不況により予定した資金が集まらなくなった。そこへ追い打ちをかけたのが、昭和4（1929）年10月24日から29日のアメリカウォール街の株式市場の大暴落から始まる世界大恐慌で、これにより日本経済は、震災不況との二重苦となった。多くの日本企業も倒産する状況下で、佐久諏訪電気鉄道には、投資資金は集まらず、資金不足から計画は頓挫した。また、布引鉄道も状況は同じであった。布引鉄道は、小諸駅佐久鉄道の西側にホームをつくり、信越線に沿い花川から西に下り千曲川に鉄橋を架け、布引観音の入り口に駅を作り、さらに島川原駅までの第一期線全長7・4㎞が完成し、大正15（1926）年12月1日、待望の営業運転を開始した。しかし、営業は不振で投資資金も集まらず望月までの延伸も出来ず、昭和11（1936）年10月28日廃止となった。佐久諏訪電気鉄道、布引鉄道の夢は、折からの関東大震災による災害不況と世界大恐慌の二重の影響を受け挫折。川西地域の人々の莫大な出資金が失われ、鉄道の夢も打ち砕かれた。その夢の遺跡として、今でも春日湯沢にその時の水力発電用の貯水池が残っている。もし、佐久諏訪電気鉄道が完成していれば、佐久と諏訪の交流は活発になり経済効果もあり、川西地域が近代交通網から外れて「佐久のチベット」と呼ばれる陸の孤島になることはなかった。そして、鉄道に夢をかけた人々は、その破たん処理に追われた。その一人、竹花元三郎氏は村長退職時、村から褒賞として、双子山の麓の山林と土地を与えられている。その時の投資の担保がこの土地であった。しかし、佐久諏訪電気鉄道は、途中破綻し、そのため、この土地は、破たん処理のため人手に渡り、戦後、高度成長期の開発時、現在の、富士コンサル㈱の所有地となった。また、春日村民の中にも、所有する山林を担保に投資した者もあり、そのため、山林を失う者もいた。従って、今日の旧春日村の山野は、国有地、県有地、民有地、春日財産区有林が混在する事になった。しかし、佐久諏訪電気鉄道計画の破綻とその負債処理は、春日の人々の心理に大きく影響し、春日の人々は祖先から受け継いだ開拓者魂、即ち、パイオニア精神と将来への夢を失い、進取の気風と寛容性をなくした。そして新たな開発への警戒と、新たな開拓者に対する排他的対抗意識は、この地域の発展と将来の夢を奪う結果となった。尚、竹花元三郎村長の顕彰碑は、旧望月町の指定天然記念物の「コナラ群」がある山の神地籍内に設置されている。

学校医制度と岡部清之助医師一家

明治31（1898）年、学校医制度が勅令で公布された。この学校医制度は、全国公立の小学校に一名ずつの学校医を置くことを国の制度として定めたものである。従来、春日村は、優秀な漢方医を常に輩出してきた。しかし、明治維新後は、新時代の医師の資格は、西洋医学の知識を身に付け、医学専門学校（医専）を卒業後国家試験に合格しなければならなかった。そのため、この勅令により、翌、明治32（1899）年、川井市次郎村長は、春日尋常小学校に協和村の医専卒の医師、土屋荘三郎氏を校医として迎えた。しかし、春日村では、できれば、春日村出身者に春日小学校校医を委嘱したかった。しかし、当時春日村には、医専進学者も在学者もいなかったので、他町村から医専卒の医者を誘致することが当面の課題であり、春日村長選挙の争点であった。そして、翌年、新たに春日村長に就任した竹花元三郎村長は、明治34（1901）年、臼田で開業したばかりの岡部清之助医師（明治34～昭和3年）を、校医として迎えた。校医として赴任した岡部家は、春日村で、江戸時代からすでに多くの人材を輩出している岡部家とは、偶然にも同姓であるが出身は全く別で旧上田藩士出身である。旧上田藩松平家の家臣には、岡部九郎兵衛家とその分家岡部四郎兵衛家の二つの家があり、本家岡部九郎兵衛家は代々家老を務めた。また、分家岡部四郎兵衛家は私の家系で、藩主の側近として藩主家族と共に江戸詰の重臣である。本家第四代目岡部九郎兵衛重教は、まだ若い26歳の家老として、宝暦11（1761）年、上田藩領全域で起こった農民一揆に立ち向かい、江戸に出府中の藩主に代わり農民の願いを聞き、その解決に奔走して後、急病死している。幕末には、上田藩第六代藩主松平忠優（忠固）は幕府海防掛の老中として日米和親条約に、次席老中として日米修好通商条約に調印した三人の中の一人で、開明化の大名として知られている。この時、岡部九郎兵衛重義、岡部四郎兵衛重正はともに上田藩主松平忠優（忠固）公を補佐し活躍している。岡部清之助医師は、佐久郡田野口藩士市川家出身で上田藩士岡部四郎兵衛家の婿養子である。同様に、当時の岡部四郎兵衛家の当主岡部重本改め岡部銘も、旧上田藩校明倫堂の教授を務めた学者、鈴木家からの婿養子である。幕末動乱の戊辰戦争では、上田藩は新政府に恭順を示し、越後長岡藩戦争に出兵している。この時、岡部四郎兵衛重本は、上田藩小銃隊長として参戦している。なお、現在の鈴木家当主健次氏は、東京大学教養部を卒業しＮＨＫに入局。退職後は、歴史学者として主にアメリカ史を研究。現在大正大学の名誉教授。ＮＨＫ時代、スペシャル番組部主管として『日本史探訪』の番組制作にかかわる。妹すみれ氏は、ノーベル化学賞受賞者、根岸英一氏の夫人。また、岡部銘の孫、清之助の次男杏二夫婦（私の両親）の仲人は、長野県教育の先人正木直太郎の三女ゆうの嫁ぎ先の野本産科医院（神奈川県川崎市新川通り）の院長、野本篤蔵氏夫妻である。岡部家と正木家とは、上田藩士の縁で以前から交流があり、野本産科医院に助産師として勤務していた内田ハル（神奈川県相模原市出身）は、野本ゆう夫人の紹介と野本夫妻の仲人で岡部杏二に嫁いだ。鈴木家から婿養子になった岡部四郎兵衛重本改め岡部銘は、明治維新の版籍奉還により職禄を失っても上田に帰らず、東京神田淡路町で江戸詰の旧藩士の家宝を中心に扱う骨董店を開いていた。当時江戸に残った上田旧藩士は、家禄を失い日々の暮らしのためには、たとえ先祖伝来の殿さまから拝領の家宝も売るしかなかった。岡部銘には男子が生まれず、そのため、上田藩医出身で岡部家と親交のあった勝俣英吉郎長野県医師会長（後の二代目上田市長、長男勝俣稔氏は代議士）が岡部家の婿として、田野口藩士出身で当時学内外でも秀才として評判であった市川清之助を岡部家に紹介、自ら仲人役を引き受けた。そして岡部家の婿養子になった岡部清之助医師は、東京に住む岡部一家を伴い、郷里田口村に近い臼田に医院を開業した。ところが、春日村長選挙の出馬を控え、医専卒の医師を探していた春日村の竹花元三郎氏は親戚の田口村瀬下家から岡部清之助の評判を聞き、春日小学校の校医に迎えようと動いた。田口村瀬下家の縁を伝手に熱心に何度も臼田に出向き、春日村への赴任を求めた。岡部清之助医師は、幕末、五稜郭（龍岡城）を築城した田野口藩主松平乗謨《のりかた》改め大給恒《おぎゅうゆずる》の博愛社（日本赤十字社の前身）の創設の精神に共感し、医師となった。竹花元三郎氏の「竹花家として、子々孫々にわたり、なにがあっても岡部家を守るから」との熱心な誘いがあり、また、春日村には、江戸時代から多くの逸材を輩出している同姓の名門岡部家があり、当時すでに岡部太郎氏、次郎氏兄弟の活躍は近隣町村にも知られ、近隣町村の人々には、春日村は魅力的なパワースポットであった。そこで、岡部清之助医師は、舅岡部銘と相談の上、開業して3年ほどの医院を廃業し、博愛精神を基に新天地春日村に夢を描き、骨を埋める覚悟で引っ越してきた。それに対し、春日村では、上新にあった下ノ宮、上野本家所有の家屋敷を医師宅兼診療所として用意し迎えた。この時の縁で岡部家は、竹花元三郎家と、三代にわたる深い交流が続き、またこの時から上野家との縁も生まれた。当時の日本は、いまだ衛生環境も整わず、赤痢、腸チフス等疫病が蔓延していた。春日村も近隣村町と同様、赤痢、腸チフス等の疫病に悩んでいた。そこで、春日村としても、公衆衛生の専門知識を持つ、医専卒の医師が必要であった。また、岡部清之助医師の舅、岡部銘は、養子先の岡部四郎兵衛家が代々上田藩主松平家の江戸詰家臣であったため、職務上の役目柄、幕臣や他藩士との交流があり、江戸詰が長く続いたため、多くの文人、画家との交流もあり、向島等花柳界にも明るかった。また、春日村には、江戸時代後期の庶民文化の広がりを象徴し、書家、日本画家、歌人、俳諧歌等近隣にも知られた多くの偉人を輩出していた。そして、その子弟にも無名ながら一芸に秀でた達人が多くいた。そのため、春日の人々には、岡部銘から新時代の東京の様子を知ることは、新鮮で刺激的であった。また、隠居の身になった岡部銘にもこうした人々との交流は楽しいものであった。なお、岡部銘の交流関係の一人の明治・大正期の日本画家、高森碎巌は、一時期、春日村の「竹乃屋旅館」（金井）で創作活動をしている。また、岡部家の所有の鎧、兜、刀剣類をはじめ、書画、骨董類を、岡部銘は持参してきていた。その後、その一部は、岡部一家の生活費と診療の薬代に変わった。当時の農村での医師の暮らしは楽ではなく、診療代はほとんどが盆暮れ勘定で、まゆ、米等の代金が入ったときだけであった。また、診療代をお米や大豆で支払う者もいた。その間の生活費や薬の購入の不足分を、書画、骨董品を売り補った。故窪田やすえ氏は、「岡部医師は偉い人で、貧乏のため薬代を払えぬ人には決して請求をしなかった」と教えてくれた。しかし、岡部清之助医師が赴任した当初から、春日小学校の校医には、あくまで春日出身者の医師を望む人々もいた。また、学校医制度により、春日の人々は、従来の漢方医でない新時代の医師は、医専を卒業する必要があり、また、医者の息子でなくとも、医専を卒業し国家試験に合格すれば、誰でも医者になれることを知った。やがて、春日村出身者の子弟の中から、医師を目指し医専に進学する者も何人か現れた。その一人が堀端に開業した平賀英三医師で、後に岡部清之助医師と共に春日小学校校医（大正8～昭和27年）に赴任している。一方、岡部清之助医師の晩年は不遇であり、岡部一家には、不幸が重なった。大正7（1918）年、第一次世界大戦の最中、アメリカで発生したスペイン風邪は、世界的大流行となった。全世界の感染者は5億人を超え、5000万人以上の死亡者が出た。日本でも当時の人口約5500万人のうち約4割が感染し、39万人近くが死亡したと伝えられている。春日村でも丈夫で病気に縁のない青年層も感染し、多くの死者が出た。岡部清之助医師は、重症患者のため、診療の合間を見て、昼夜に亘り馬に乗り往診。自らも感染する中、家族も次々に感染。長男早苗、姑千加子が感染死亡。幸い次男杏二は、家に帰らず上田中学（旧制）の寄宿舎に留まり感染を免れた。しかし、医大受験合格直後感染し、肋膜炎から肺結核を患い、進学することなく療養生活に入った。そして、平賀英三医師もこの頃春日堀端で平賀医院を開業。両医院の間に患者を巡るトラブルが発生した。大正9（1920）年、長女三重子が婚礼前に春日で流行した腸チフスで病死。岡部清之助医師は、心労が続く中、昭和3（1928）年突然脳卒中で倒れ翌年死亡した。遺体は、「春日に骨を埋める」との生前の本人の意志により、竹花家、吉田家の客分として、両家の墓地に埋葬された。また、木内松代子氏（岡部太郎氏の姪）は、当時としてはこの地域に珍しい女性医師で、晩年の昭和40年代、小諸保健所長、佐久保健所長を務め、保健行政で活躍した。私は、木内松代子氏が小諸保健所の所長だった時代に、当時小北薬剤師会（現一般社団法人・小諸北佐久薬剤師会）の会長として小諸保健所運営委員を一期2年務めている。なお、岡部清之助医師が春日村に赴任後、両岡部家の交流も深かった。日露戦争では、岡部次郎氏が日本陸軍参謀本部付、国際法顧問として活躍しているが、岡部清之助医師も、博愛精神に基づき日本赤十字社の軍医として従軍している。帰国後、岡部清之助医師は、日露戦争の従軍経験を振り返り、「日本赤十字社は、日露双方の傷病兵の治療に平等に当たったが、ロシア兵は農民出身が殆どで陽気であった。ロシア将校は貴族出身で厳格であった。しかし、ロシア兵は将校とは違い、休戦中には、治療のお礼として、しばしば、酒、食べ物を持参し日露双方の傷病兵を見舞うと称し勝手に飲み食いして帰っていった。」と家族に語っている。また、岡部次郎氏は日露戦争の最中、欧米列強の報道機関と記者会見の際、記者たちは、岡部次郎をスモール・オカベと呼びバカにした。しかし、彼らと共同で入浴すると、欧米列強の記者達は、体格では劣るが、岡部次郎氏の松茸（男根）は、彼らに勝るとも劣ることのないほど立派なビッグサイズであることに驚き、その後は決してスモール・オカベと呼ばず逆に敬意を払ったとの逸話がある。

戦前の国家教育遺跡「奉安殿」

春日、諏訪社合殿の境内に宝物殿が祀られている。この宝物殿は、戦前、春日小学校前の奉安殿を取り壊し埋めることなく、密かに、春日、諏訪社合殿に移し、宝物殿として保存したとの話が残っている。奉安殿は、戦前の日本では、天皇と皇后の写真、御真影《ごしんえい》と教育勅語を納めていた建物である。

明治23（1890）年10月30日、教育勅語が発布され、翌24（1891）年11月17日、小学校教則大綱が制定された。教育勅語にもとづき徳性涵養が最重視され、天皇、皇后の御真影と教育勅語を一定場所に奉安するよう訓令された。

春日小学校では、昭和10（1935）年11月29日、校門入り口横に建てられ、完成竣工式が行われた。戦前は、小学校に登下校の際、また、奉安殿の前を通るときでも職員生徒全てが服装を正し最敬礼するよう定められていた。戦後間もなく、GHQの神道指令により奉安殿は廃止された。その多くは、解体され地中に埋められ、現在では全国的に僅かしか残されておらず、戦前教育を知る意味でも貴重な歴史的教育史跡である。たとえば、沖縄県の旧美里尋常高等小学校の奉安殿は半崩壊状態ながら「戦争遺跡」として文化財に登録されている。仮に春日小学校の奉安殿が撤去された後、壊され埋められることもなく、戦後暫くして、春日、諏訪社合殿に移され、宝物殿として保存されているとしたら歴史的にも戦前の教育史跡として貴重である。また、布施小学校の奉安殿も保存されているとの記録が残されている。御真影は、戦前宮内省から選抜された優秀校のみ貸与された。そのため、貸与された学校は、大変名誉とされ、御真影は天皇自身と同一視され、そのため、最大級の敬意をもった取り扱いが求められた。明治31（1898）年、長野県上田町立上田尋常高等小学校（現、上田市立清明小学校）で火災があり、当時の校長、久米由太郎（小説家久米正雄の父）はその責任を取り、薬卸問屋河合家別宅の2階で割腹自殺した。久米由太郎校長が河合家別宅に居住することになった経緯は、上田に赴任するに当たり、親交のあった正木直太郎氏が親戚先の河合家に居住を捜すよう依頼した。そこで河合家は久米由太郎一家に同家屋敷内の別宅を提供したと思われる。同様な事件は沖縄県南城市の第一大里小学校（現、大里北小学校）でも起こっている。戦後、御真影の多くは返納された。なお、旧望月町の布施小学校と春日小学校の奉安殿がいまだ壊される事無く残されている可能性がある。戦前の教育遺跡として、調査し保存する必要があると考える。

戦後の混乱と新たなる春日村の歩み

太平洋戦争末期、米軍の空爆を逃れ、春日村は安全の地として疎開してくる人が多くいた。当時日本は戦時統制下で、あらゆる物資、食糧は配給制であり、深刻な不足状態であった。そのため、学童の中には、栄養不良で貧血で倒れる者も多くいた。春日小学校には、昭和19（1944）年8月24日、東京都杉並区立方南国民学校疎開学童50名が第一陣として、康国寺に安着。続いて、杉並区立和田国民小学校330名が春日小学校、布施小学校に分かれ到着。春日小学校では、春日温泉、いづみ屋、十二屋旅館に分宿した。翌20（1945）年6月7日、陸軍予科士官学校教官・生徒200名が疎開し、春日小学校第三校舎の使用が開始された。当時、春日小学校の児童は、食糧調達のため、連日アカザ採集やドングリひろい等に動員されていた。そして、終戦直後の8月15日、春日村湯沢の水力発電所に米軍の爆弾が投下され、春日村も安全の地ではなかった。

もし仮に、本土決戦により戦争が続けば、陸軍士官学校の疎開地でもある春日村も米軍の空襲で戦禍を受けた可能性がある。当時、日本陸軍は、陸軍士官学校の疎開に当たり、信越線田中駅から望月まで極秘に鉄道を引く計画があったとの話が一部の人から伝えられている。昭和20（1945）年8月15日、天皇陛下の玉音放送で、日本の敗戦が伝えられ終戦を迎えた。そして、連合軍司令長官マッカーサー元帥が、厚木飛行場に到着した8月30日、望月高等女学校校庭では、陸軍士官学校第五十九期生、1327名の復員式が行われた。翌31日、陸軍士官学校生は、信越線田中駅から復員特別列車で、それぞれの故郷に帰還していった。その直後、望月高等女学校の校庭では、何日もかかって、陸軍士官学校の関係文書が焼かれた。焼かれた関係文書の中に、信越線田中駅から望月までの鉄道計画についての書類があったかどうかは不明だが、この話以降には、佐久の千曲川西岸の川西地方には、具体的鉄道計画の話はない。代わりに、佐久の近隣地区の人々の一部は、鉄道がないことで、川西地区を「佐久のチベット」と呼んだ。また、春日小学校では、10月31日、疎開学童の告別式が行われた。翌年の昭和21（1946）年1月9日、奉安殿の御真影、教育勅語謄本が奉還され、その後、奉安殿も撤去された。春日小学校の日誌に、「5月9日、四年生以下、五年生以上、みそ汁を一日交替で給付される。7月30日、戦時中、畑として使用された校庭をもとの校庭に戻すための草取り。」翌年の昭和22（1947）年4月1日、「春日小学校になる。23年12月1日、給食開始される。」等の当時の記載がある。

春日村から、疎開学童や陸軍士官学校の教官生徒が去った後、戦地から続々と、徴兵された兵士や満蒙開拓団の人々が、ノミやシラミとともにボロボロの衣類と痩せ姿で故郷春日の親元に帰ってきた。当時の農村は、一番の働き手を戦地に送り出し、女、子供だけの農業で、そのため、農産物の収穫量は減少していた。そこへ、都市部からの疎開者で溢れ、極端な食糧不足となっていた。疎開者の主食は、配給のイモ類か、僅かの米に、稗や粟を混ぜたものであった。そのため、疎開者の児童や、中国大陸からの引き揚げ者の学童の弁当は粗末であった。しかし、農家の子の中には、弁当に白米をいっぱい詰め、真ん中に梅干しを入れた、日の丸弁当を自慢げに持参する者もいた。当時の学童には、日の丸弁当は、羨望と憧れであった。また、戦争直後の日本は食糧だけでなく、生活用品をはじめ、あらゆる物資が極度に不足状態にあった。戦時中、日本国民には、戦争遂行のための武器弾薬を造る材料として、日常生活に必要な鍋、釜に至るまで余剰とみなされた物資は、半強制的に提供を求められた。そのため、戦争終結時には、物不足は深刻で極限状態にあった。特に、都市部は焼け野原となり、人々は、食糧を求め農村に手持ちの衣服等をお金代わりに、買い出しにでかけ、タケノコ生活（タケノコの皮を1枚ずつはぐように、衣類などを少しずつ売って食いつなぐ生活）を強いられた。その点、農村部では、農地や、山林や川の恵みが人々の生活を助けた。

戦後、春日村では記憶に残る生活用品に「こぬか石鹸」がある。東京で薬屋をしていて、春日村湯沢に疎開していた宮田氏が、持参してきた苛性ソーダに小糠《こぬか》を混合し石鹸を作り販売した。「こぬか石鹼」は一時期、飛ぶように売れた。疎開後、宮田氏の長男宮田親平氏は、東京大学医学部薬学科を卒業、薬剤師となったが就職は文藝春秋社に入社、編集長を経て、科学ジャーナリストとして活躍した。日本社会が戦後の混乱を抜け出し、復興期に入る頃、日本の農村は、食糧の増産に向け動きだしていた。その原動力となったのが、戦地から故郷に帰った村民と中国大陸から帰った満蒙開拓団の人々である。いずれの人々も、心の中に、祖先から受け継いだ、開拓者魂を抱いていた。そして、各地に新たな開拓地が広がった。さらに、戦後の農地改革で自営農家になった農民の、農業への生産意欲は高く生産量も増加し、戦後の復興の力となった。春日村の人々は、農繁期は、主に農業に、農閑期には、炭焼き等の山仕事や都市部での復興事業への出稼ぎをした。春日村の若者は、他の農山村同様、家庭の経済状況から中学を卒業するとすぐ就職する者が多数であった。高校進学者はおよそ3割程度。大学・短大への進学者は、ごく僅かで、特別優秀な生徒か、経済的に余裕があるか、苦学して進学するかいずれかであった。当時、戦争で父親を失った家族の戦後生活は大変で、その子弟の進学は困難であった。この頃、上野駅は、地方からの集団就職の若者で賑わい、後に上野駅は、集団就職者の聖地になった。

昭和の大合併、望月町春日の誕生

昭和34（1959）年8月1日、春日村、本牧町、布施村、協和村の四町村の合併により新たに望月町が発足し、春日小学校は、望月町立となった。この合併は、昭和の大合併と呼ばれ、財政面で中学校を運営・維持することが目的とされた。この頃日本の経済は、高度成長期に向かっていた。しかし、新たに発足したばかりの望月町は、相次ぐ台風の襲来により大きな被害を受け、財政難に苦しんだ。しかし、春日渓谷に沿い完成した林道鹿曲川線、春日温泉に国民宿舎、望月高原牧場等観光資源が整備されていった。そして、本格的高度成長期に入ると、多くの開発業者が入り、ゴルフ場、別荘開発が行われ、さらに、この時期、多くの企業が安い労働力を求め、農村部にも進出した。望月町も例外ではなかった。このため、新たな雇用の機会が得られたことで、出稼ぎに出ることもなく、多くの若者が故郷に残る事が出来た。早起き野球も盛んになった。春日商店街も、日本経済が高度成長期に入ると、開発業者が新たなる職場と消費を生み出し、戦後暫くは数軒であった商店が二十余軒にも増大し、春日銀座と自画自賛した。その一方、地域の宝、自然環境は破壊され河川は汚染された。平成元（1989）

年、鹿曲川源流付近の開発で成功した富士コンサル㈱の新たなる開発に対し、これ以上の河川の汚染を防ぐため、春日区長会は鹿曲川及び細小路川の汚染防止の対策のための協定を結んだ。協定の主な内容は、春日区民への助成金として年額100万円と、春日区長会による鹿曲川及び細小路川の水質検査で、検査費用は同社が全額負担した。そして、春日区長会（会長武田衛氏）は、私に検査方法、水質検査項目、検査データ管理の協力依頼をしてきた。そこで、環境消臭事業等の業務提携先である㈱東信公害研究所（上田市）を紹介し、その後、平成13（2001）年度まで、鹿曲川、細小路川の水質データ管理と水質改善の取り組みを無償で続けた。富士コンサル㈱は、多くの春日の人々の雇用機会をつくり、さらに、河川の汚染対策として、私や業者の助言を受け入れて、新たに浄化槽等を設置するなど、春日区民の要望に応えようとした。しかし、高地での当時の水質管理技術では、十分な汚染対策の効果はなかった。同社としては、会社も社員も春日の区民運動会に参加するなど春日区民との協力協調関係に努めた。そして、同社からの協力金の一部は、平成12（1999）年まで各区に人頭割りで配分され、一部は春日区民の各種団体の補助金とし、また一部は積み立てられ、各区公会場の下水道導入に際し、補助金として各区に還元された。なお、河川の水質は、現在、少しずつ改善されている。平成の中頃になり、バブル崩壊により日本経済は減速に向かい、各企業は農村部から撤退し、安い労働力を求め、海外に出ていった。また、リゾート開発も低迷し、撤退業者も相次いだ。そのため、この地域での職場が失われ、地域の担い手の若者が、新たなる職場を求め、春日を去り、地域の活性は失われた。さらに、春日財産区は、従来春日区長会を介し、春日区の各種団体の活動に補助金を出していた。しかし、本業の営林事業が木材価格の低迷と、リゾート開発の不振と土地の賃貸料の減少で財政運営が厳しくなり、春日区民の補助金を廃止した。同社も日本経済の悪化で経営が苦しくなり、春日財産区の借用地の一部返還と継続する借用地の地代の値下げを求めたが、これに応じなかった春日財産区側との訴訟となり春日区民と富士コンサル㈱との信頼関係が壊れ始めた。その後、春日区民への助成金の支払いも平成13（2001）年には途絶えた。こうしたことが重なり、さらに少子高齢化が進み、春日区の主な行事、夏の春日小学校校庭での盆踊り、春日区民運動会、正月の春日本郷地区の道祖神祭り等各種行事や祭りの廃止論が高まった。夏の盆踊りも平成8（1996）年廃止になったが、その代わり、阿部今朝美氏等の努力で、新たに「御鹿の郷地域ふれあいセンター」で夏祭りが企画され、その後毎年8月14日、恒例の夏祭りとなった。また、正月の春日本郷地区の「道祖神祭り」は、竹花兵吾氏等の保存運動の結果、望月町の無形文化財に指定され、佐久市との合併後、佐久市の無形文化財に指定され、今日まで存続している。しかし、春日区民運動会は、平成20（2008）年廃止となった。また、現在旧春日小学校の跡地に木造の旧校舎の一部を記念に残し、「春日交流センター」として利用されている建物がある。旧春日村村有林から切り出された木材を利用して建てられた唯一残された一部である。一時、土台も腐食し、老朽化により、取り壊しも検討された。旧望月町吉川徹町長時代、竹花兵吾氏、阿部今朝美氏、今井瑛雄氏等が保存運動に動き、平成12（2000）年、現在の春日交流センターとして生まれかわった。保存工事は㈲建友建設・棟梁、竹花秋雄。なお、富士コンサル㈱の開発地仙境都市は、富貴の平を中心に、標高約1800～1900mの佐久平を一望できる景勝地にある。昭和33（1958）～34（1959）年、台風の災害視察にこの地を訪れた長野県庁林務課の係長が樹齢数百年の天然カラマツを見て「切り出すのは惜しい。長野県下でもこれほどの美林はない。観光資源として残して見せるべきだ」とつぶやいた場所である。また、この周辺は古代から大河原峠を起点に佐久と諏訪を結ぶ古道であり、南北朝時代には、南朝方の将兵が、戦国時代にかけては、武田信玄配下の将兵軍馬が往還する軍道としても利用されてきた。富士コンサル㈱の創業者は、現代に甦った戦国時代の侍大将のように猛々しく、フロンティア精神に満ち溢れ、一国一城の主として仙境都市を築いた。特に商才として印象的であったのは、蓼科山麓の湧き水を、持ち帰り自由として、そのための容器を用意していたことである。水を売るには、衛生上必要な検査や保健所の許可が必要である。その点、消毒密封された容器だけを売る事には、特別な許可は必要ではない。また、新鮮な水や空気と大自然の美しい景観の価値を活かし、リゾートとして商品化したのが仙境都市である。現在春日の若い人々は将来への夢と進取の気風、開拓者魂を失いつつある。若者には、職場、結婚、子育て、いずれも春日での生活に将来の展望が開けない。そのため、先祖伝来の田畑を簡単に手放し、または放棄する。親の世代にあった自助、公助の意識は、「時代が違う」の一語で課題を避けている。さらに過疎化と高齢化は、老々介護、独居老人、さらに買い物難民の増加となり、公助の依存性を高め、地域の自治機能は減退し、限界集落の危機に直面している。しかも、春日の一部の人々は、昔からの天領意識からくる時代錯誤で他者に対し寛容性に欠けており、それが新たな地域発展の最大の阻害要素になっている。昔、春日の先人達は、教育を大切にし、新たな開拓者を歓迎し新たな知識や技術を積極的に学び取り、地域発展の新たなる活力にした。しかし今は、その寛容性を失っている。新天地として、春日を訪れ、この地の素晴らしい自然に魅了され、春日の開発に生涯の夢とロマンをかけた人達が夢破れ、悔しさと無念な気持ちで夢を諦め、春日を去る姿は痛ましく、地域の損失である。

忍び寄る里山崩壊、身近に迫る集落の危機

いま旧春日村のリゾート地の別荘は、廃屋が目立ち、猿や鹿、動物の姿ばかりで、人の姿は見えず、昔の栄華の面影はない。野山は手入れが行き届かず、保水力を失い荒れ放題。川は葦で埋まり、川の中に立ち木が目立つ。砂防ダムは長年放置され土砂で埋まり、自然界の防災機能が低下している。再び災害の危険が迫るのを感じる。鹿曲川の詰め、鹿角沢上部付近の土砂崩落の跡が生々しい。仮に、この付近から蓼科山北麓の山体崩壊が起これば、御鹿の郷をはじめ、鹿曲川水系は土石流と大洪水で壊滅的な大被害が想定される。しかし、この流域の縄文遺跡の存在は、縄文時代以降、いまだ、大規模な山体崩壊がない証拠でもある。佐久地域の山体崩壊の歴史として、平安時代の仁和３（８８７）年、北八ヶ岳の水蒸気爆発により北八ヶ岳の天狗岳、根石岳、稲子岳等が山体崩壊し、大月川を流れ下った土砂により千曲川に巨大な天然ダムが出来た。後年、このダムが決壊し千曲川下流域に大洪水と大被害を起こしたといわれている。小海、海ノ口、海尻、馬流《まながし》等の地名、松原湖などはその跡である。しかし、近年では、この山体崩落は、同年起こった五畿七道の仁和の大地震（東海―東南海地震）に起因する説が

有力視されている。近い将来、東海、東南海の大地震が予想され、太平洋沿岸部での津波による大被害が心配されている。しかし、日本全国どの山岳地帯にも再び、大地震による北八ヶ岳の山体崩壊のようなリスクがある。従って、荒廃が進む中山間地の農村の危機は、日本国土全体の危機の前兆とも考えられる。

一方、地震による山体崩落の危機に対し、今、日本各地に豪雨水害の危機が迫っている。たとえば、直近の台風災害の事例として、令和元（２０１９）年10月12日、日本に上陸した台風19号は、関東地方や甲信地方、東北地方などで記録的豪雨災害となり、甚大な被害をもたらした。千曲川水系では、千曲川をはじめ、各支流も氾濫、堤防も各所で決壊、家屋の全半壊、浸水被害や死者、行方不明者を出す大災害となった。千曲川支流、鹿曲川水系でも、土砂崩れや中小河川の氾濫で、各所に被害があった。旧春日村（佐久市春日）の被害状況は、小さな土砂崩落が各地にみられたが幸い人的被害はなく、昭和33〜34年当時と比較し、表面上被害程度は少なかった。しかし、里山の山際の田畑の各箇所に小規模であるが、多くの土砂崩落跡が見られた。そして、山際の人家は、崩落した土砂がすぐ近くに流れ込む危険な状況にあった。御鹿の里の古刹、康国寺の裏山の一部が崩落し、土砂が本堂に迫り、里山の崩壊が身近に迫る危機感を強く抱いた。また、山際の集落の一部の土手に大きな崩落跡が見られた。持ち主が高齢化で土手草を刈る事が出来ず安易に、除草剤を使用した結果、保水力を失い土砂崩落を誘発したと思われる。

古来里山は、この地の開発当時から、放牧と人の手により整備され生活と深く関係していた。しかし、戦後、煮炊きに必要な燃料が薪から化石燃料に変わってから、山林への関心は薄れ、里山は人の手で整備されず放置状態になってしまった。山林も戦後、カラマツが多く植林され、ナラ、クヌギ等の混成林が減り、昆虫やキノコなど山の恵みも少なく、また、分厚い腐葉土に覆われ里山の保水力は減少。里山崩落の危険性が従来に比べ増大している。八ヶ岳山麓の分厚いコケ類も以前より薄くなっていることも気がかりである。また、山間の沢筋は水を集め、ため池を築き、その水で稲作をした。しかし、超高齢化と過疎化により、こうした農地は耕作放棄され放置されている。従来、こうした農地の田畑は、耕作には不向きであるが、防災には、遊水池として、集中豪雨の際一定程度のダム的効果の役目を果たしてきた。しかし、田畑が耕作放棄され放置されたことで、ダム機能を失っている。集中豪雨による小さな沢の土砂崩落は鉄砲水となり、千曲川水系の支流の氾濫となる。千曲川上流部の氾濫は、時間差で、下流水域部の堤防決壊となり、都市部である長野市を中心とする浸水被害は善光寺平一面に広がり、家屋の浸水と農産物への多大な被害をもたらした。この洪水被害の拡大連鎖は、今後、集中豪雨が起こるたびに、繰り返される可能性がある。この令和元年10月12日の台風19号は、里山崩壊の前兆であり、中山間地集落に身近に迫る危機の警告でもある。また、下流域の都市部にもその危機の連鎖を生み、山林と里山の大切さを忘れた人間社会に、強く警鐘を鳴らしていると考えられる。

ふるさと創生の源、埋もれた歴史から学ぶ

地方都市での高齢化と人口減少時代の福祉、医療と生活機能の確保対策の一つにコンパクトシティ構想があるが、佐久市も例外ではない。今回の令和元年の洪水災害で、限界に近い集落が今まで果たしてきた地域防災の役割と一極集中の問題点について、治水、治山、防災の観点からの論議が必要と考えさせられた。

ふるさとを去る者がいればその一方、都市の生活と暮らしに疲れた新たなる旅人がこの里を訪れ、しばらくこの地に留まり、疲れた心を癒やしている。南に蓼科山、北に浅間山をのぞむ、御鹿の郷の自然環境や原風景は、人の心を癒やす効果がある。さらに、この里は、古代奈良の趣があり、「信州の奈良」と呼ぶにふさわしく、古代遺跡が眠っている。春日本郷は、祢津氏系春日氏により開発され、鎌倉時代の侍街の遺構、小路や用水路が今でも残っている。さらに春日本郷の春日、諏訪社合殿や春日城跡、康国寺は歴史的価値が高い。今後は、この歴史遺産と伝統文化を活かし、廃校になり現存する春日小学等校舎と敷地を活用することが当面の課題である。春日温泉は、江戸時代に開発され、庶民の憩いと癒やしの場であった。春日温泉の周

辺には、春日渓谷、望月高原牧場、ゴルフ場等がある。グリーンツーリズムの拠点、また、ゴルフと温泉に加え、佐久市内の病院を利用しての人間ドックをセットにしての医療ツーリズムの拠点とすることも可能である。温泉を利用しての医療リハビリ施設も誘致したい。細小路川水系の里は童謡『ふるさと』の歌詞にある原風景に似ている。根神社、百番観音、小倉城跡があり、春日温泉と同質の湧水もある。温泉が出れば、故小林忠良氏が夢みた癒やしの保養所、リハビリ施設の誘致も可能だ。また、竹の城、栃の久保、善郷寺からみた浅間山は見事で美しい。古刹、蓮華寺と皇子塚古墳のある金塚から向反、丸山にかけての里の景色を活かす工夫が必要かと思う。そして、ふるさと創生の源は、先人たちの足跡を訪ね、故郷の歴史を学び、新たに故郷の未来に夢と希望を持つことであり、そこから新たな一歩が始まると思う。

令和の夢、癒やしの聖地「御鹿の里春日」

佐久地方には、ふるさとの原風景として、多くの校歌に歌われている、浅間山、八ヶ岳、蓼科山があり、そして、佐久の中央部を千曲川が流れている。浅間山、八ヶ岳、蓼科山は、いずれも「日本百名山」として知られた山である。また、長野県は、平成26（２０１４）年、長野県独自の取り組みとして、7月第四日曜日を「信州　山の日」と制定した。そこで、県立歴史館は、その制定に合わせ、県内の市町村立小中学校と県立、市立高校の計６４３校にアンケートを行い、校歌に歌われている山を調べ、ランキング化した。結果、浅間山２位、八ヶ岳３位、蓼科山10位となり、いずれも上位を占めた。また、佐久の原風景と情景は、佐久出身作詞家のいではく氏により『北国の春』とし紹介され、歌手千昌夫により歌われ、多くの人に親しまれている。さらに、作詞家、永六輔が戦時中、北佐久郡南大井村（現小諸市）に疎開した際、佐久の美しい夜空の星を見て感動。その体験をもとに、多くの歌詞を生み出したと言われている。幸い佐久地域には、美しい夜空の星と天体観測施設もあり、宇宙飛行士、油井亀美也さんの出身地でもある。さらに、埋もれた佐久の歴史遺産である山城がある。佐久地方には、中世から戦国時代にかけての、多くの山城跡や領主居館跡が残されている。いずれも、自然景観に優れ、歴史と伝承があり、領主居館跡の近くには、武将に縁の寺院も多い。しかも、城跡の多くは、今でも地元の人々に愛され、手入れがされ、保存されている。しかし、いずれも市の中央部から少し離れ、少子化と過疎化に悩み、近い将来、個々単独での手入れや保存が困難になることが予想されている。そこで、こうした城、砦跡を他の歴史遺跡や史跡と共に、ネットワーク化し、佐久市の遺跡、史跡めぐりのスポットにし、山城跡はグリーンツーリズムの拠点とし、佐久市の長寿、健康づくり事業としたらいいと思う。さらに、佐久地域の地理的、立地的条件を考えると、佐久地方は、国際的にも知名度の高い軽井沢と山梨の北杜市との中間に位置し、その間の浅間山、八ヶ岳、蓼科山等が見える小海線に高原列車が走っている。軽井沢と北杜市、その中間に位置する佐久地域の自然環境の魅力を活かしたい。道路については、仮に中部自動車横断道の山梨—佐久間が完成すれば、陸路輸送のターミナルとして中間拠点にもなり、東海、東南海地震等の際のう回路になるほか、近い将来、リニア新幹線甲府駅にもアクセスできる。また、北陸新幹線佐久平駅は、東京駅まで1時間半で首都圏から通勤、通学等日帰りができる。佐久市が、メディコ・ポリス構想をもとに、健康長寿の医療福祉都市を目指すならば、北陸新幹線佐久平駅周辺の都市再開発として、既存の医学部、薬学部等医療福祉系の大学や研究施設等を誘致ができないであろうか。戦後日本の大学等高等教育は、昭和45（1970）年

4月1日、私学にたいする国庫負担の財政措置が法律で講じられ、新しい大学が私立を中心に設立され拡大均衡にあった。しかし、現在は、少子化に伴い、縮小均衡の時代に入り、各大学は、存続の危機にあり、生き残りを賭け、知恵を絞り、生徒募集が有利になる地域への移転も視野に入れている。実現しなかったが、先年私立の薬科大学が上田市に進出を考えた。長野県に既存の医科や歯科系大学がある。しかし、薬科系大学はない。従って、新規の大学の設立は、現状では無理であるが、しかし、佐久平駅周辺は、地理的、立地的条件からして北陸新幹線の沿線都市からの通学は可能で、首都圏からの教職員の移動・通勤も便利である。そのため、既存の薬科大学等医療福祉系大学の誘致と佐久平駅周辺の一部を医療福祉系大学のスクールゾーンとする講想も考えられる。

令和の夢として、御鹿の里、春日は、地理的、立地的条件から、普段は、古き良き歴史と伝統文化を活かした保養地として、超高齢化社会の弱者にやさしい、医療福祉の癒やしの里として、また、地震災害等緊急時の対応という面では、首都圏の安心安全な避難、疎開地として新たなる聖地となる事を望みたい。

あとがき

令和の時代に入り、私は古稀を過ぎ喜寿を迎える年になり、旧春日村に薬局を始めてから、令和2年3月31日で50周年を迎える。これを契機に、旧春日村の誇りある歴史と現状の姿を地域創成の願いを込め、我が家のファミリー・ヒストリーも加え50周年記念として書き残す事にした。我が家と旧春日村の縁は明治34（1901）年、祖父清之助が春日小学校の校医に赴任したことから始まる。そして、太平洋戦争の末期、疎開先となったのが、旧春日村であり、この地が両親の終の棲家となった。私は、春日中学2年生修了まで、旧春日村で暮らし、中学3年で東京の区立中学に転校、高校、大学、そして3年間のサラリーマン生活の後、両親の待つ旧春日村に戻った。私は、早産の未熟児で幼少時には、虚弱児であった。しかし、童謡『ふるさと』の歌詞のように、春日の山や川での遊び体験が幸いし、次第に体も丈夫になった。高校に進学してから、高校卒業後の進路は、両親から離れ自立することを決意し心身鍛錬に登山を始めた。蓼科山、八ヶ岳、浅間山は、身近な訓練の場であった。大学は2年遅れたが、その間、専従の新聞配達員としての受験生活。大学生活は、主に家庭教師のアルバイトと特別奨学金（一部給付）で卒業。高校卒業時、校長推薦で日本私立中学高等学校連合会理事長賞の受賞の経緯もあり、日本私立大学協会広報紙、『教育学術新聞』編集次長原野幸康氏の紹介で、日本私立大学協会に勤務。同誌の文部省、科学技術庁、日本学術会議等担当の編集記者として、主に科学技術紙面を手がけた。当時の私立大学では、昭和40(1965)年の慶應義塾大学、昭和41(1966)年の早稲田大学、東京理科大学等の学費値上げ反対ストが起こっていた。大学を中心とした私学の財務状況は、銀行からの返済と借り入れの自転車操業の危機的状況であった。一方、財源は、学生からの授業料を含む学費である。しかし、私立大学は、財源不足から、定員定数の水増し、教職員等人件費の削減を行い、教室は満席で、席に座れず、立ち見の生徒も出る有り様で、学費だけは年々値上げされる状況が続いた。そのため、学生自治会が中心となり、学費値上げ反対運動を起こした。この危機に全私学は結束し、国に対し人件費を含む財政措置を講ずるよう働きかけた。昭和45(1970)年4月1日、日本政府の私学に対する人件費を含む国の財政措置を講ずる法律が施行され、私学財政は危機を脱した。私はこの法律が施行され、近い将来、欧米先進国のように、日本にも、建学の精神に基づき自由で多様な特色のある私学教育が評価される時代がくると思った。そこで、旧春日村に戻り、岡部薬局を開業。旧春日村は、歴史も古く、当時、夏季には民宿の学生村もあった。水も豊富でうまい。野菜も新鮮である。素朴ではあるが、現状の自然環境を活かし、近い将来、私学の学校寮や運動部等のクラブ活動の拠点地として、または、首都圏の都市との姉妹提携を含む癒やし憩いの保養地になりうると考えた。すでに隣の立科町では、昭和41（1966）年に女神湖が完成し、翌年には、ビーナスラインが開通。蓼科山北麓は、軽井沢につぐ新たなリゾート地として注目されていた。しかし、当時の望月町は、合併直後の昭和33、34年の台風災害の復旧事業に追われ、受け入れ計画が出来ていなかった。そんな中で私の春日での50年間の生活は、苦い経験も辛い日々もあったが、祖父の代からの絆と交流が心の救いとなり今日に至った。晩年は、蓼科山北麓の戦国時代の山城跡の探索と旧春日村の郷土史の研究が生きがいとなった。令和の時代となり、このほど、薬局の廃業を契機に、祖父の代から変わる事無く交流を続けてくれた人々や、私に理解を示し、私に様々な資料を提供してくれた人々への感謝の気持ちと「御鹿の里」のふるさと創生の願いを込め、愚作であるが私に託した人々の旧春日村の思いを、私の抱いた思いとともに記憶を記録としました。

参考資料

『望月町誌　第一～五巻、別巻』望月町
『望月の町民の歴史』望月町教育委員会
『望月町公民館報　縮刷版』望月町公民館
『佐久』佐久史学会
『上代交通史考』一志茂樹
『春日の歴史1』望月町春日古文書学習会
『望月町古文書研究会論文集―流れを汲む―』望月町古文書研究会
『望月ものがたり』『蓼科物語』『蓼科山麓の幕末維新』大沢洋三
『ふるさと探訪』望月郷土を学ぶ会
「蓮華寺とその周辺」『館報・もちづき―春日物語―』渡辺重義
『北佐久郡の考古学的調査』八幡一郎
『古代奈良―正統―研究調査』奈良県
『天正壬午の乱』平山優

『戦国三代の記』市村到
『日本の民話』研秀出版
『信濃の民話』未来社
『古事記』くもん出版
『佐久の開拓史』『佐久の史跡と名勝』菊池清人
『佐久の代議士』中村勝実
『信濃の国士・岡部次郎伝　疾走する鹿』中野次郎
『相楽総三とその同志』長谷川伸
『もう一人の真田　―依田右衛門佐信蕃―』市川武治
『戦国佐久』佐藤春夫
『日本神話と古代国家』直木孝次郎
「佐久市望月歴史民俗資料館　展示資料」佐久市
『信州教育の系譜』藤田美実
『上田藩宝暦騒動――　一揆』今井文栄
『赤松小三郎ともう一つの明治維新』関良基
『六六日記』正木直子

『長野県町村誌』長野県
『甲賀市史　第六巻』「甲賀のくすり」甲賀市
『春日居館跡・佐久市埋蔵文化財調査報告書　第１８７集』佐久市

資料情報提供・調査協力者

竹花兵吾　溝井朋克　宮下成夫　依田一廣　市川速水　武田衛　竹花英夫　小井出秀子　阿部今朝美　竹花健太郎　小松守男　春原千恵子　春原せつ　竹花高儀　井出玉委　阿部和夫　坂田孝三　小田中誠　湯原日路志　春日・杜の会（平成26・27・28年度、春日、諏訪社合殿氏子総代有志ＯＢ会：上野仁　宮崎今朝光　竹花義人　大井芳圀　桜井盛夫　川井嵩　鈴木弘　伊藤崇裕　竹花秋雄　小松吉之助　川井昭二郎　伊藤盛久　永島孝　大日方一光　小松守男　川井均　井出今朝龍　安川叡春　川井義次　今井瑛雄）以下故人：竹花清一　川井正久・節子竹花徹雄　竹花とみ　山岸玉代　窪田やすえ　川井司　小野山嘉忠　上野秀利　依田久（順不同、敬称略）

岡部　捷二（おかべ　しょうじ）

昭和17（1942）年３月12日、神奈川県川崎市で生まれる。東京理科大学薬学部卒。日本私立大学協会退職後、昭和45年４月、長野県北佐久郡望月町春日（現・佐久市春日）で岡部薬局を開業した。令和に入り、薬局開業50周年を迎え、このほど廃業した。


【著書】

『燃焼』昭和41年東京理科大学学園紛争の記録、京文社

【課題論文入選作】

昭和56年日本薬局製剤研究会25周年課題論文「21世紀に向け日本薬局製剤のビジョン」優秀作品賞。

平成３年薬局新聞課題論文「21世紀の小売医薬品業界の課題」第２位入選。


趣味は、蓼科山北麓の山城跡の探索。

信濃国佐久郡春日郷「御鹿の里」物語

―ふるさと創生の源・忘れえぬ思い出の聖地―

2020年4月30日　初版第1刷発行

著　　者　岡部捷二

発 行 者　中田典昭

発 行 所　東京図書出版

発行発売　株式会社 リフレ出版

〒113-0021　東京都文京区本駒込 3-10-4

電話 (03)3823-9171　FAX 0120-41-8080

印　　刷　株式会社 ブレイン

ISBN978-4-86641-316-7 C0021

Printed in Japan 2020